Paolo Bonolis

PERCHÉ PARLAVO DA SOLO

Rizzoli

Avvertenza. Tutti i capitoli di questo libro si aprono con un testo in corsivo per poi proseguire in normale carattere tondo. Le pagine in corsivo sono appunti sparsi che Paolo Bonolis ha scritto, in una sorta di diario personale, in momenti diversi della sua vita (hanno infatti una datazione precisa) e che i collaboratori Nicola Brunialti e Tiziana Orsini lo hanno invitato a pubblicare. Le parti in tondo sono invece l'approfondimento scaturito da quegli appunti, discusso a voce e poi sviluppato in forma scritta per questo libro.

Pubblicato per

Rizzoli

da Mondadori Libri S.p.A.
Proprietà letteraria riservata
© 2019 Mondadori Libri S.p.A., Milano
Published by arrangement with Walkabout Literary Agency

La poesia *Una carogna* alle pagine 139-141 è tratta da Charles Baudelaire, *I fiori del Male* © Bur 2017

ISBN 978-88-17-14215-1

Prima edizione: ottobre 2019

Impaginazione:
Corpo4 Team

Perché parlavo da solo

Grazie per aver acquistato questo libro. Avete contribuito a sostenere il Ce.R.S., nello specifico il progetto Adotta un Angelo (andate in rete a vedere di che si tratta).
Vi avviso che non sono un intellettuale né tanto meno un letterato, ma solo un vivente, riconosciuto da alcuni per il mestiere che fa.
Non c'è quindi alcuna presunzione nelle prossime pagine, ma solo pensieri raccolti per una concomitanza di eventi. Sono un cervello qualunque, di cultura modesta, che rileggendosi s'è scoperto un cinico sognatore, ossimoro umano, che spesso si diverte del nonsenso generale.

Posologia affettiva in caso di Alzheimer

Lascio, postumi alla stesura di questo libro (chissà in quanti passaggi non sarete minimamente concordi! Bello, no?), pochi punti d'attenzione per chi vorrà assistermi laddove mi perdessi tra le ombre imbroglione della memoria rarefatta.

1) Per quello che riguarda l'alimentazione, va bene tutto, ma proprio tutto. In particolare amo il prosciutto, l'insalata, le olive greche e le pesche schiacciate (vanno di pari passo con le pere e le ciliegie). Uniche eccezioni i cetrioli e i ravanelli. Non so perché. Ma più di tutto, rifuggo dai cachi e credo sia per un problema di memoria biologica. Non fosse stato per mio padre che, arrivando con l'avambraccio fino in gola, mi cavò un filamento di caco sarei crepato in giovanissima età.

2) Be', certo, i nomi dei miei familiari. Sono: Sonia (mia moglie), Luciana (mia madre), Silvio (mio padre), Stefano, Martina, Silvia, Davide e Adele (i miei figli). Gli altri non si facciano cruccio di questo breve elenco e cerchino di comprendere che lo spazio è limitato.

3) La lettura (occasione di fuga, di sogno, di svago e di libertà) è ben gradita in tutti i suoi aspetti. Prediligo la saggistica sociale, i libri di Stephen King, Paolo Zardi e Dan Brown. Ma se veramente mi volete contento, portatemi qualunque cosa scriva Alessandro Baricco: mi affascina a tal punto che ogni riga di questo libro mi sembra un insulto presuntuoso a qualunque gradino della scala letteraria. Perdono, maestro.

4) Per la musica, deliziatemi con gli anni Sessanta e Settanta (nostalgico, eh?). Queen, Supertramp, Battisti, il country e la classica, Celentano (grazie per la camicia) e a loop *Stand by Me* (Ben E. King). Evitatemi trap ed elettronica. Ah! Se vi capita sottomano musica degli Easy Star All-Stars sarò grato.

5) Cinema tutto. Per tutto, intendo da *Apocalypse Now* al *Silenzio dei prosciutti* (ho esagerato?). Mi rilassa, mi culla e mi emoziona. Non vi do un elenco di film preferiti, perché sarebbe troppo lungo, ma una strada secondaria e buia ve la segnalo: horror di serie B.

6) In linea generale, amo i sorrisi, i cinque sensi, il silenzio, il caldo, i ventilatori, il mare, la montagna d'estate, la Coca-Cola e il chinotto, la grappa Millennium e la romanella (chi è di Roma spieghi agli altri). Da ultimo, la cremazione e la donazione degli organi.

7) Sempre in linea generale evitatemi: gli iPhone, l'ipocrisia, il rumore, il freddo, l'aria condizionata, la Pepsi, il whisky e, da ultimo, un funerale triste. Odio totale: le zanzare.

8) Infine lo sport, passione morbosa del mio carattere. Lasciatemi vedere il calcio, il tennis, il basket e il volley. Così per dire, ma va bene tutto, tranne il biliardo (da giocare sì, però), l'ippica e il baseball. In cima a qualunque lista di preferenze, l'Inter e le Olimpiadi.

9) Lasciate che vi sorrida, anche se vi sembrasse non sappia perché lo sto facendo. Mi ha sempre fatto bene.

P.S.: Avrò dimenticato molte cose in questa lista e non vorrei che fosse perché sta cominciando a mostrarsi necessaria (fottuti prodromi di senescenza!).

Prologo
Il canyon

17 giugno

Il canyon è largo e profondo e il fiume scuro, che vi scorre come una grossa vena, è veloce e tumultuoso. È il tempo che passa e porta con sé, come detriti, i mutamenti, i fatti e le illusioni dei nostri tempi.

Viaggia veloce il fiume del tempo, molto più di quanto scorreva in passato. E scava sempre più profondo il canyon che attraversa.

I miei figli sono dall'altra parte e potrebbero partire prima che possa raggiungerli. Gli vorrei consegnare quello che ho conservato. Non c'è molto tempo e, senza il mio bagaglio, ho paura che il loro viaggio possa essere più faticoso di quello che intrapresi io.

Ho 58 anni adesso che scrivo e, il mio viaggio, come il loro, l'ho iniziato che ero ragazzo. A quei tempi anche mio padre mi consegnò il suo bagaglio, ma gli bastò allungare un braccio per passarmelo.

Perché ora c'è questo canyon?

I tempi mutano il territorio delle nostre vite come l'acqua del fiume erode la montagna. Più veloce è il fiume del tempo, più è profondo e largo il vuoto che separa genitori e figli.

Ai miei occhi, le due sponde sono così lontane che sembrano mondi diversi. È vero che i figli somigliano sempre più ai loro tempi che ai loro padri, ma ci sono cose che ho appreso che sono e saranno sempre indispensabili in qualsivoglia territorio. Quanto meno per non smarrirsi.

Perché siamo finiti così lontani?

Be', vi dico solo che sto scrivendo con una penna e che non ho mai twittato.

Ecco: sono un animale analogico in un mondo digitale. Insomma, vivo in questa epoca ma a me piace conservare i princìpi di quella che l'ha preceduta.

Niente di male nell'Attuale, ma neanche tutto da buttare del pensiero e dei gesti di prima. Come è sempre stato.

Oggi è tutto più liquido e veloce; prima c'era più attrito, ma anche più consapevolezza. Prediligo ancora l'attesa all'immediato e la fatica alla veloce leggerezza dell'acquisibile. Non è una dieta perfetta ma alcuni alimenti fanno sempre bene. Comunque sono qui, nel mio studio.

E, a ben vedere, sto parlando da solo.

Di padre in figlio

27 dicembre 2017

Ricordo mia madre che, quand'ero piccolo, mi dava da masticare uno spicchio d'aglio la mattina prima di andare a scuola. Diceva di non sapere se davvero curasse le malattie ma di sicuro mi avrebbe tenuto lontano quelli che avrebbero potuto attaccarmele.

Mi faceva fare i bagni al mare d'inverno. Anche se avevo la febbre. Una pazzia? Non so. Il giorno dopo stavo bene.

Mangiavo cervello bollito tutti i giovedì e la prima medicina, forse l'unica che ho usato, è stata una pomata nera puzzolente quando ebbi gli orecchioni.

Avevamo poche cose, ma la sensazione che ricordo è che non mi mancasse nulla ed ero felice. Più di tutto, non c'era apprensione: se ti ammalavi saresti guarito e quel poco era più che sufficiente. Sono cresciuti così il mio corpo, il mio carattere e la mia fantasia.

Oggi l'apprensione comanda, ogni malessere ha il suo

farmaco immediato e la soddisfazione è sempre più una saponetta sfuggente. Troppe ansie, troppe apprensioni, troppi obiettivi, troppa fretta, troppi desideri, troppi orizzonti, troppe cose, troppe medicine, troppe preoccupazioni... tutto troppo.

I figli crescono con l'ansia e la fretta dei risultati, caricati di aspettative genitoriali e stimolati da illusioni commerciali. Viviamo e corriamo, sgomitando, eternamente insoddisfatti di ciò che abbiamo e per ciò che siamo.

Ci hanno convinto che tutto è possibile da ottenere, che tutto si può fare e, ancor di più, è un nostro diritto. Tanto che, quando non riusciamo, siamo sicuramente vittime di un inganno, di un imbroglio o di un sopruso di qualcheduno perché noi non abbiamo limiti, oggi.

Intanto ogni giorno spostano il traguardo e accendono nuove ipnosi.

Il risultato? Rabbia e depressione, gente incattivita, psicofarmaci come caramelle. Senza dimenticare che confezionarsi alibi di ogni tipo e per qualunque circostanza è ormai la postura "(comporta)mentale" che ci riesce meglio. Giudici inflessibili degli altri, ma pieni di ragioni per noi stessi.

Ricordo che un tempo le cose si conquistavano: oggi si comprano o si pretendono, diventando così senza valore e "incapaci" di generare soddisfazione.

Sono nato il 14 giugno del 1961, figlio unico di una coppia che ha sempre lavorato sodo per permettere alla famiglia di vivere decorosamente e concedersi anche il lusso di viaggiare, cosa abbastanza inconsueta per quegli anni.

Sono stato educato alla moderazione, con buonsenso, genuinità e risate. La mia è stata senz'altro una giovinezza felice e spensierata, malgrado non ci fosse tutta l'abbondanza che circola oggi. Anzi, credo proprio per questo.

Era un'epoca diversa, quella in cui sono cresciuto. Ricordo che per Natale ricevevo tre regali: quello di mia madre e mio padre, quello di zia e quello dei nonni, finché sono vissuti. Tre pacchetti importanti, per me, perché erano gli unici su cui mi concentravo. Oggi i miei figli sotto l'albero trovano decine di doni e mi accorgo che, man mano che scartano, il regalo successivo soffoca quello precedente. Troppa roba.

Nelle chat dei genitori, vedo mamme che sistematicamente si contendono le informazioni su come vanno i loro bambini o ragazzi a scuola, che investono le insegnanti e i professori di richieste e pretendono giustificazioni per ogni comportamento che questi hanno nei confronti dei loro figli, che si tratti di un plauso, un rimbrotto o una punizione.

I genitori moderni fanno a gara a chi è più bravo, vogliono insegnare agli altri come allevare i propri figli e parlano sempre, in continuazione, della loro prole, descrivendola come geniale, fuori dell'ordinario, caricando di ansie il vivere quotidiano.

Neanche le malattie vengono vissute con serenità. Appena un bambino ha la febbre, deve subito prendere una cosa che gliela abbassi, invece di lasciarla sfogare: l'aumento di temperatura è il medicamento naturale del nostro corpo.

Siamo nel bel mezzo di una corsa, cominciata con la mentalità degli anni Ottanta e poi dilagata, verso la "vittoria": l'imperativo categorico per tutti è ottenere risultati, essere vincenti, emergere, battere l'avversario, anche se non si sa esattamente chi o cosa sia. Questo porta necessariamente a un'ansia da prestazione e alla paura di fallire socialmente e biologicamente.

Un giorno dicono che la carne fa male, il giorno dopo invece arriva lo studio che sostiene che faccia bene; per essere sempre migliori, sempre più efficienti, sempre straordinari, arrivano pasticche di integratori d'ogni tipo e vitamine per surrogare presunte mancanze alimentari.

È una pressione continua, che viene esercitata su tutti. Non fa crescere bene i ragazzi e fa vivere male i genitori.

Quando ero piccolo questa pressione non c'era e ai ragazzini veniva permesso di essere se stessi, senza caricarli di tutte queste aspettative. Mia madre era molto moderna per la sua epoca: l'ho sempre ammirata con un po' di timore, da piccolo, perché era quarant'anni avanti a tutti gli altri come modo di porsi e questo mi spauriva un po'; ciò che sentivo dire attorno a me sembrava molto più composto e molto più ortodosso rispetto a come presumevo dovesse essere vissuta la vita nelle parole di mamma.

Papà sapeva gestirla con l'amore che provava per lei e, allo stesso tempo, col disincanto che mi ha trasmesso. Pur comportandosi da signora per bene, nata nel 1932, mamma capiva sempre le esigenze, gli umori, le frenesie, le pulsioni ormonali dei giovani, anche perché la sua epoca l'aveva, credo, costretta a rinunciare a talune esuberanze. Ma lei non poteva rinnegarle e le comprendeva perfettamente.

Ancora oggi mi dice ogni tanto cose che mi lasciano perplesso, vista l'età. I suoi 87 anni si fanno sentire solo in alcuni pensieri, eccessivamente pessimistici nei confronti del mondo in cui viviamo, forse a causa della preoccupazione che prova per me e per i nipoti. Le servirebbe ancora papà, ma non c'è più. Silvio non era pessimista neanche un po'; era un cinico che, quando il destino era avverso, lo prendeva di petto e lo mandava a quel paese.

Da quando mia madre è rimasta sola, la chiamo tutte le sere al telefono e spesso parliamo anche delle mie trasmissioni, che lei guarda regolarmente, a volte apprezzandole, a volte bacchettandomi. Mi piace parecchio: è molto critica, istintiva e tremendamente schietta, al punto da essere talvolta ruvida in quello che dice. Con gli anni, poi, gli scrupoli e le censure sono sempre meno, quindi è diventata una specie di "bomba a orologeria": come si dice a Roma, «non si tiene un cecio in bocca».

Non che da giovane si facesse problemi. Ricordo quando i genitori americani della mia prima moglie vennero a casa nostra a conoscere la mia famiglia.

DLIN DLON. Suonano alla porta. I miei, per l'occasione, si erano vestiti particolarmente bene, per fare buona impressione. Aprirono la porta e si trovarono davanti la mia futura moglie e i consuoceri; dopo aver dato loro il benvenuto, mia madre volle assicurarsi che i nuovi arrivati capissero l'italiano.

Lo capivano.

Fu solo allora che, guardandoli, mia madre se ne uscì: «Caspita, è proprio vero che voi americani vi vestite male!». Niente, non è riuscita a tenersi l'osservazione per sé, l'ha dovuta dire. Gratuita.

È fatta così, mamma, però è un esempio di libertà individuale fortissima. E con papà si completavano in modo incredibilmente perfetto.

Mio padre era un uomo cinico, sprezzante, immensamente innamorato di me e di mia madre. Il suo era un amore che ci dimostrava facendoci divertire, perché c'era in lui un pudore dei sentimenti che non gli consentiva di viverli in maniera aperta, doveva schermirsi con le parole. Cosa che comprendo molto bene, perché sono esattamente come lui.

Papà era anche molto coraggioso.

Eravamo nelle Filippine, in uno dei numerosi viaggi che i miei si sono potuti concedere insieme; eravamo tutti e tre in fila alla dogana, al controllo passaporti. Mentre mamma e papà erano già passati oltre, quando io ho dato il passaporto è sorto un problema. Non lo sapevamo, ma per entrare in quei territori il documento non doveva scadere prima di sei mesi. L'ufficiale al controllo ha cominciato a guardare ripetutamente prima il passaporto, quindi la mia faccia, poi ha detto non so cosa in filippino. Ero solo un ragazzino, dunque mi sono un po' spaventato, non capivo cosa stesse succedendo. Il tizio a quel punto ha chiamato due guardie, che si sono avvicinate a me imbracciando i fucili; in un attimo, mio padre si è fatto avanti e, non avendo compreso esattamente neanche lui cosa mi volessero fare, intanto ha preventivamente mollato una pizza in faccia al primo militare.

C'è da dire che mio padre aveva due mani enormi, quindi prendersi una delle sue "saracche" in pieno volto non era esattamente indolore. Fortunatamente è intervenuta la nostra guida, che ha appianato la situazione e poi ha redarguito papà: «Lei è pazzo a fare una cosa del genere! Le sarebbe potuta arrivare una scarica di mitra addosso in un secondo!». «E che me ne frega? Io che ne so che stavano a fa' a mi fijo?» Ecco. Io in quella situazione, oltre a percepire tutto il suo amore mi sono sentito davvero protetto: ho capito che aveva rischiato la vita per me. Non avrebbe aspettato che mi venisse fatto del male; nel dubbio, ha deciso di difendermi. Tanto poi avrebbe fatto sempre in tempo a dire: «Ah, me so' sbajato? Chiedo scusa».

Per me, avere loro come genitori è stata la fortuna più grande. Le poche qualità che ho, se le ho, e che mi hanno permesso di vivere un po' meglio rispetto a quello che potevo aspettarmi, me le hanno trasmesse loro. Senza dubbio.

Mi hanno reso il padre che sono oggi. Ho sperimentato la paternità in momenti molto diversi della mia vita: il mio primo figlio l'ho avuto a 23 anni, l'ultima a 47. Ci sono ventiquattro anni in mezzo, che mi hanno cambiato profondamente e hanno fatto sì che mi ponessi in modo differente in questo ruolo così importante. Quando è nato Stefano, il primogenito, non ero ancora abbastanza appagato dalla vita e non ho saputo rinunciare a me stesso e alle mie esigenze per quelle di un altro, anche se era mio figlio. Oggi, la mia irrequietezza e i miei desideri sono più pacati e mi è più facile dedicarmi alla famiglia.

Certo, alla mia età dovrei avere dei figli grandi, con i quali condividere una vita da adulto, perché non ho più la forza dei vent'anni; invece ho dei bambini, con cui devo fare il "giovane".

I miei figli hanno caratteristiche molto differenti. I maggiori hanno atteggiamenti che non ho potuto trasmettere direttamente: sono stato purtroppo un padre assente per loro, perché lo spazio che ci divideva non era indifferente. Io ero in Italia, loro negli Stati Uniti con la madre e, per un certo tempo, mi sono fatto travolgere dal successo e l'ego ha vinto sui sentimenti.

Questa differenza di culture ha prodotto due ragazzi abili, ma non figli del mio agire. Oggi non lesino fatiche per il piacere di stare insieme a loro, ma non posso cambiare il passato: la mia assenza-presenza li ha plasmati.

Stefano, il più grande: uomo liberissimo mentalmente, generosissimo, buono negli intenti eppure cinico, proprio come me. Credo che, se mai dovesse leggere questo libro, ne condividerà l'80%. Gli ho voluto e gli voglio un bene dell'anima, ovviamente. Per lui ho sofferto, perché l'ho visto nascere e crescere fino ai 4 anni, poi l'ho perduto, poi l'ho ricercato, poi l'ho riperduto nel periodo più importante del suo sviluppo, quello dell'adolescenza. È stato in effetti il momento in cui si è smarrito per un po', ha sprecato tempo e occasioni, ma dopo si è risollevato con forza e con rabbia, diventando un uomo forte. E profondamente pigro, proprio come me!

Quando mi invitò al suo diploma, negli Stati Uniti, andai con grande orgoglio. La cerimonia era tipicamente americana: un palco, il preside, una platea di ragazzi seduti con il cappello in testa, il cosiddetto "tocco". Cominciano a chiamare gli studenti, a uno a uno: «*John Franklin, con-*

gratulations with a special mention to…», ovvero congratulazioni con una speciale menzione della materia in cui ciascuno si era dimostrato più capace e particolarmente versato. «Giovanna Drake, questo è il tuo diploma con una speciale menzione per la storia dell'arte.»

Io intanto pensavo tra me e me: "Ammazza come sono bravi questi ragazzi!". Arriva il turno di mio figlio: «Stefano Michael Bonolis». Poi subito: «*Jackie Munnerlyn, congratulations with a special mention to…*». Niente. Nessuna menzione. Ci sono rimasto malissimo. Quando ne ho parlato con Stefano, ha replicato con un sorriso: «Papà, ringrazia il cielo che so' passato!».

È un tipo così, mio figlio: capace di sdrammatizzare, di prendere le cose con filosofia. Ed è anche un goduriso.

A circa 18 anni venne a trovarmi a Formentera. Avevo preso un piccolo appartamento, un attico, dove c'era una piscinetta microscopica, sul terrazzo. Una sera, Stefano mi chiede: «Papà, posso fare venire degli amici miei?». «Ste', non so chi hai conosciuto ma fai come ti pare, siamo in vacanza!» Così gli ho lasciato campo libero e me ne sono andato in un localino con il mio amico Bruno a bere una cosa e a fare due chiacchiere. Alle due di notte ho cominciato a chiedermi quanto potesse durare ancora la festa; sono salito per vedere se c'era ancora gente sul terrazzo. Mi sono affacciato e ho trovato mio figlio nella vasca con sei-sette ragazze, tutti ignudi. «Dai papà, vieni!» «Ma che sei matto?» Sono scappato via.

Anche da questo punto di vista, Stefano ha poi trovato

una sua stabilità: dopo quindici anni di relazione, ora si sposa con la sua ragazza, che a me piace tanto. Questo mi rende felice, è un sollievo vederlo trovare l'equilibrio sentimentale e lavorativo. Se lo merita, perché è un ragazzo di una bontà incredibile.

Martina è la mia secondogenita: è l'espressione più pura della dedizione e della compulsività creativa. Si occupa di assistere bambini con problematiche e, nel frattempo, scrive per il teatro: ha anche vinto una borsa di studio, arrivando prima tra duecentomila iscritti, con un suo spettacolo, la storia di due ragazze omosessuali che per la prima volta, negli anni Venti, portarono la marijuana nelle università americane.

Buona parte degli spettacoli che ha scritto sono andati in scena off Broadway e off loop a Londra, diretti e talvolta anche interpretati da lei stessa; è una giovane donna ironica e dal pensiero veloce, ne sono molto orgoglioso.

Poi c'è Silvia, la prima figlia avuta da Sonia, la mia seconda moglie: oggi ha 17 anni ed è luce allo stato puro. Lei è la soluzione a tutti i problemi. È sgusciata fuori dalle difficoltà che la vita le ha riservato fin dalla nascita, curandosi con il divertimento e con il sorriso. Silvia ha individuato una scorciatoia per essere felice: le poche possibilità a sua disposizione la conducono sempre verso il benessere e lei le intraprende con grande facilità.

Spesso chi, come lei, ha delle problematiche neurologiche e fisiche, presenta una postura afflitta; niente di più lontano da mia figlia. È solare, ride! E poi è bella, di una bellezza data dalla sua espressione radiosa. La maggior parte della gente individua dei limiti nella sua condizione; il suo stato, invece, si dimostra ogni giorno come una scorciatoia per vivere bene. Ascolta la musica che le piace, sente le sue amiche, le piace mangiare, comunica gioia a chi le sta intorno. È una bellissima colonna portante della nostra casa. Fra l'altro, è molto sveglia: riconosce facilmente la natura delle persone che incontra e le "battezza" subito.

Secondo me quello più svelto mentalmente è Davide: ha una capacità di lettura ironica del circostante che è velocissima. Adesso ha 15 anni e temo che la tecnologia imperante lo abbia un po' annebbiato durante il suo periodo di sviluppo finora, nel senso che gli ha inibito la lettura e l'evoluzione, attraverso la noia, della sua stessa personalità.

Oggi i ragazzi non si annoiano più: la nostra società sembra aver paura dei momenti di niente apparente, che sono invece quelli durante i quali ci creiamo un'identità, dei pensieri. Che ci consentono di crescere. Sì, perché è nei momenti di noia che facciamo dilatare muscolarmente l'anima. Mi ricordo quando c'erano i Lego, i mattoncini con i quali si poteva costruire qualsiasi cosa venisse in mente. Oggi i Lego esistono ancora ma vengono venduti fornendo già l'immagine di quello che deve venir fuori dall'assemblaggio dei singoli pezzetti: non c'è più spazio per la fantasia.

Mi pare che stiamo andando incontro a un'omologazione comportamentale, dovuta a influenze indotte e non a esperienze dedotte; oltre alla noia, ci stiamo perdendo l'importanza del silenzio. In un mondo pieno di rumori, non riusciamo più a percepire il suono dei pensieri, che ci indica chi siamo. Rischiamo di ritrovarci con delle briglie al collo, un morso in bocca, guidati da cavalieri sconosciuti verso chissà quali territori, ma certamente non saremo noi a decidere la direzione della nostra corsa.

È questo che mi preoccupa un po' per la crescita di mio figlio. Che, oltretutto, secondo me ha potenzialità infinite ma, così come Stefano e come me, sa essere straordinariamente pigro.

A livello fisico, Davide è unico nel suo genere. Ha una dote straordinaria nello sport: è capace di una lettura velocissima del gioco che intraprende. Anche se lo pratica per la prima volta ne capisce subito le dinamiche e le giuste traiettorie da seguire. Per questo mi fa più rabbia, perché non comprende quanto talento rischia di soffocare se non si adopera anche con la fatica per rendere al meglio.

Al contrario, sua sorella Adele, la più piccola dei miei ragazzi, le proprie potenzialità le sfrutta tutte: quando c'è da faticare per un obiettivo, non si tira mai indietro. Certo, sbuffa mentre si dà da fare, ma è molto determinata, anche nella scelta delle persone. Tempo fa, le si è avvicinato il suo fidanzatino e le ha detto: «Io non voglio più stare con te». Lei è stata un attimo zitta, poi: «E adesso cosa dovrei fare, secondo te? Mettermi a piangere?». Credo lo abbia messo KO.

È sempre stata molto sveglia e capace, fin da piccolina. Ricordo un pomeriggio in cui Sonia stava spiegando a Davide, che credo avesse 8 anni, il sistema metrico decimale; Adele era seduta pochi metri più in là, intenta a disegnare con i pastelli. Mentre la madre parlava e cercava di far capire al fratello come funziona questo benedetto sistema metrico, lui era distratto e recepiva ben poco di quello che stava succedendo. Adele invece, mentre faceva casette coi suoi colori, evidentemente ascoltava con grande attenzione. A un certo punto Sonia chiede a Davide: «Insomma, mi sai dire 1500 metri quanti chilometri sono?». Silenzio. Sbotta Adele, con tono scocciato: «Un chilometro e mezzo!». Davide resta un attimo perplesso, poi guarda la madre: «Ma che, ha indovinato?». «Certo.» E lui: «Vabbe'… ha sculato!». Non poteva capacitarsi del fatto che una bambina di 4 anni ci fosse arrivata ragionando.

Ogni tanto Adele mi fa anche un po' paura. Una volta doveva imparare a memoria una poesia, ma non ne aveva voglia. Mi sono imposto e ho preso il libro: «Dai, la famo veloci, così te la levi da torno. Adesso papà te la legge, così capisci l'intonazione e poi te la studi». Era una poesia bella lunghetta. Dopo avergliela letta, le ho detto: «Adesso studiala, poi quando hai finito chiamami». «Che devo studiare?» «La poesia, Adele. La devi imparare.» «Ma me l'hai letta, adesso la so.» «Ma non è possibile!» «Sì, sì, la so.» La sfidai: «Ah, bene. E allora dai, dimmela».

Non ha sbagliato una parola.

Questa cosa mi ha un po' inquietato, a dire la verità. La sua mente vivace la rende molto curiosa, desiderosa di apprendere, a differenza di suo fratello che continua a ignorare le proprie potenzialità, con le quali mangerebbe in testa a tutti quanti. Loro due, insieme, mi fanno davvero ridere.

Adele ama i fumetti, come li amavo io da ragazzino. L'altro giorno mi ha detto: «Sai perché mi piace il fumetto?». Eravamo a tavola e c'era anche Davide. «Perché ci sono certe pagine solamente onomatopeiche.» E il fratello: «Eh?».

Vabbe', come ogni padre sono innamorato dei miei figli. Certi giorni li ammazzerei di baci, altri li prenderei a calci nel sedere; tutti i genitori hanno pregi e difetti e io non faccio certo eccezione. Sicuramente, però, non voglio venire meno al mio ruolo: per un certo periodo della mia vita io stesso sono stato la cosa più importante che avessi a disposizione. Adesso la cosa più preziosa è la mia famiglia e, se c'è qualche sacrificio da fare, tocca a me. Sono passato dall'io al noi.

La parte fondante di quel "noi" è mia moglie, Sonia. Perché proprio lei e non un'altra? Chissà. Nella vita, si incrociano persone e momenti e accade che l'altro in quel preciso istante corrisponda ad alcune cose che stai cercando. Così, si accende un progetto nella tua testa.

Sonia ha tredici anni meno di me: quando ci siamo incontrati aveva solo 23 anni e, malgrado la giovane età, ho trovato in lei una velocità mentale che mi ha colpito. È stato proprio su questa brillantezza, rimasta intatta nel tempo, che si è avviato il sentimento che provo per lei.

Siamo molto diversi noi due: ad esempio, io sono un romantico e lei assolutamente no. O meglio, riversa il romanticismo sui figli e io lo raccatto di rimbalzo e me ne approprio. Eppure questa diversità è un arricchimento per entrambi.

È inutile tentare di analizzare un rapporto "chimicamente". È difficile capire come due persone riescano a stare insieme: ci sono equilibri, compromessi, modalità peculiari che valgono solo per la coppia in questione. Ma ci sono due cose a cui bisogna prestare ascolto, e valgono per tutti: quello che si porta dentro e ciò che si è messo in piedi.

Non riesco a parlare in modo troppo personale dei miei sentimenti, in questo sono come mio padre: quando l'argomento è molto importante, tendo a irriderlo per pudore. Posso solo aggiungere che l'amore per Sonia è molto forte e lo dimostra anche il fatto che abbiamo deciso di mettere al mondo tre figli.

Certo, bisogna fare attenzione a che cosa si intende con l'espressione "volere un figlio". Noi abbiamo avuto la fortuna di averne, credo che sia una opportunità meravigliosa ma non la si può pretendere come un diritto.

Ritengo intanto che sia un desiderio più femminile, perché probabilmente una donna desidera completarsi anche in un ruolo materno. Può capitare però che la natura non riesca ad assolvere a questo compito e allora interviene la scienza. Una cosa che mi sta anche bene.

Ma c'è un presupposto un po' morboso che spesso si nasconde dietro questa volontà: «Voglio un figlio a tutti i costi». Un figlio non è un diritto e, messa così, la pretesa sembra più un capriccio che altro. Mi pare che questo atteggiamento rischi di far perdere di vista l'estensione corretta dell'atto di Amore.

Allo stesso modo, una coppia di omosessuali che voglia avere un figlio attraverso l'utero in affitto mi sembra un'iperbole esagerata che, onestamente, non riesco a condividere. Chi è omosessuale ha il diritto, il dovere e la gioia di esserlo, ma poiché la natura di un rapporto simile ha per caratteristica l'impossibilità della procreazione, ritengo che questa vada accettata e non forzata. Semmai, tutto l'affetto che si sente di voler riversare su un bambino, quel forte – e lecito – desiderio di avere un figlio, si può convertire in un gesto d'amore ancora più grande che è l'adozione. Ci sono così tanti bambini in attesa solo di ricevere le cure amorevoli da parte di genitori, i quali a loro volta non vedono l'ora di proteggere e crescere dei piccoli, donare loro una casa e una stabilità, che onestamente non mi spiego tutte le resistenze che ravviso nella società verso una soluzione come questa. Uomo-uomo, donna-donna: c'è amore? C'è famiglia!

Perché due uomini o due donne non possono crescere un bambino, ma sette suore sì? Mistero della fede.

Il gatto Farinelli & Friends

8 maggio 2016

Oggi ho litigato: in famiglia volevano un gatto e, per tenerlo, lo hanno castrato perché non andasse in calore.

Allora, io già non condivido il fatto di avere un animale in casa: i gatti devono vivere con i gatti perché la loro vita è quella. Ma poi, perché devo privarlo della sua natura solo perché possa dargli tre, quattro carezze quando torno dal lavoro e mi fa piacere che ci sia Micio Miao che gira per casa? Giacché non voglio rotture, lo castro così sta buono!

È di un'efferatezza micidiale questa cosa!

Perché un gatto deve stare su un divano coi "cojoni tajati"?

È una cosa che mi fa un male…! È come dire: «Voglio mia suocera a casa. Però le cucio la bocca, così non disturba».

Vi rendete conto che un presunto atto d'amore parte dal tajo dei cojoni?

Inibisco un'intera parte della sua vita.

Il gatto, come il cane, non è che può vivere guardando la Champions, leggendo un libro o discutendo di filosofia. Il gatto oltre a mangiare, bere, dormire e riprodursi non fa molto altro. Se gli levi una di queste cose, gli hai mutilato un quarto dell'esistenza. È una crudeltà vestita d'amore.

Qualcuno potrebbe opinare che altrimenti vivrebbero allo sbando nelle campagne... ma è allo sbando per te! Loro stanno così bene per le campagne! Vivono la loro vita, giocano con gli altri gatti, si riproducono, vanno a caccia.

Noi abbiamo questo gatto che gira per casa e fa gli agguati ai pupazzi! Ma vi rendete conto? Ai pupazzi!

Ormai è un animale del tutto snaturato. E pensare che c'è pure qualcuno che dice: «Preferisco gli animali alle persone». Certo che li preferisci, non c'è il contraddittorio! Non hai alcuna forma di dovere nei confronti degli animali, puoi anche fregartene.

Un essere umano su di te accampa dei diritti. Un animale no: mangia, dorme e per lui c'hai sempre ragione, non è che può contraddirti.

Non è che non voglio animali perché non mi piacciono. Al contrario! Io non voglio animali perché mi piacciono. E vorrei che anche i miei figli la pensassero così.

Un animale deve essere libero. Verrà ammazzato da un cane? Finirà sotto una macchina? Andrà in campagna e piglierà le pulci e le malattie? Forse sì. Però avrà vissuto la sua vita.

Qualcuno potrà dire: «Sono animali da compagnia: sai a un anziano quanto torna comodo?».

È vero. Ma quella povera bestia non sta vivendo la sua vita. Il nostro è semplicemente un atto predatorio che tra gli invasati sconfina anche nel grottesco. Pensate ai cani con il cappotto! Dai. Allora perché non il canarino con il paracadute?

Non so perché sto scrivendo queste righe. Generalmente si scrive per qualcuno e questo qualcuno è un gatto. Cazzo, sto scrivendo a un gatto!

Sì. Questo pezzo è per te, mio peloso, morbido, caro gatto Farinelli.

Dai tempi in cui ho scritto queste righe, la nostra famiglia pelosa si è allargata. Ora, oltre al gatto, abbiamo due chihuahua – un maschio e una femmina – e c'è stato pure un pappagallo, ma è morto. Di morte naturale, ci tengo a sottolinearlo, che non si sa mai.

Malgrado sia restio ad avere animali in casa, alla fine ho ceduto perché i bambini hanno fortemente desiderato i cagnolini. Devo dire che soprattutto la piccola, Adele, se li tiene spesso in camera sua e vuole loro un bene dell'anima, a volte si occupa di dar loro il cibo, ma "i patti" iniziali… Lo sapevo. Coi bambini puoi fare tutti i patti che ti pare, poi tra la scuola, gli impegni extrascolastici e un pochino di paraculaggine, ad accudire gli animali ci deve pensare sempre qualcun altro.

Fra tutte le bestiole che abbiamo, alla fin fine il gatto è il più autonomo. Lui e io abbiamo sviluppato anche una specie di consuetudine: quando rientro a casa, lo chiamo

«Boss» e lui mi risponde «miao». Il dialogo finisce lì, non so nemmeno bene cosa voglia dire, ma sospetto che in quel miagolio si nascondano tante cose.

Ho deciso di non oppormi alle scelte della maggioranza della famiglia, ma resto della mia idea: poiché la natura mi piace, vederla snaturata mi inquieta.

Voglio dire: fin da bambino, avevo l'enciclopedia degli animali a casa e la divoravo, sapevo tutto, conoscevo specie quasi ignote alla scienza stessa perché le trovavo in quei tomi. Ciò che più mi affascinava era la diversità, le mille sfumature che gli animali hanno in base alle latitudini, ai territori, ai climi e alle necessità; il loro corpo e i comportamenti dettati dall'istinto sono frutto di un'evoluzione di millenni, che li ha resi sempre più adatti a sopravvivere in determinati ambienti per nutrirsi, per sfuggire ai nemici o per soddisfare la loro natura.

Si continuano a scoprire nuove specie, soprattutto nei mari o nel mondo degli insetti, e lo trovo tremendamente affascinante. In questo complesso equilibrio naturale, poi arriviamo noi uomini, che prendiamo alcune bestiole e ce le portiamo a casa. Li abbiamo definiti «animali domestici», ma probabilmente li abbiamo solo resi tali noi, con la nostra prepotenza di esseri umani. Con qualche riserva, tento di accettare anche questa come una specie di legge di natura, la logica del più forte che piega il più debole; diciamo che l'uomo ha riconosciuto nei cani e nei gatti due specie animali compatibili con il proprio sistema di vita e ha deciso di prenderli con sé. Ma castrarli per comodità, perché altrimenti sporcano, vanno in calore e fuggono per accoppiarsi, mi sembra una crudeltà eccessiva persino per uno senza scrupoli come l'essere umano, nonché un tentativo di trasformare un animale in un elettrodomestico.

Dargli in cambio acqua e cibo non mi sembra poter compensare l'immensa perdita che viene inflitta alle povere bestiole; un animale nella sua vita tendenzialmente fa tre-quattro cose, che sono poi quelle biologiche richieste dalla natura, ovvero mangiare, dormire, evacuare e riprodursi. Castrandolo, lo priviamo di una componente essenziale del suo modo di essere e mi viene da pensare: tutto sommato l'atto della riproduzione a noi piace, quindi chissà, magari soddisfa pure lui e noi glielo impediamo.

Visto che si sta attuando una crescente umanizzazione di questi compagni pelosi della nostra esistenza, dovremmo forse tenere conto di cosa genera la felicità in noi e pensare che possa essere lo stesso per loro. Credo che gli individui talvolta siano infelici perché vivono una vita che non corrisponde alla loro natura, ai loro desideri; è esattamente quello che imponiamo anche agli animali.

Perché accade? Be', a mio parere perché l'uomo è, fra tutti, l'animale con la "spocchia" (insomma senza ali, senza pinne, senza squame, senza branchie, vabbe', ma con questa escrescenza interiore, generata da millenni d'umana presunzione). Ha questa arroganza che lo distingue dagli altri. Insopportabile.

Decidiamo di prendere in casa un animale come il gatto

e ci diamo delle giustificazioni del tipo: se fosse rimasto per strada, sarebbe morto investito da un'auto, o qualche malintenzionato avrebbe potuto fargli del male. E se avesse mangiato qualcosa di velenoso per lui? Come può sfuggirci che tutti questi pericoli li abbiamo comunque creati noi? Sono argomenti costruiti con astuzia per una cosmesi morale. Ecco la spocchia: cucù!

Del resto, di cosa mi stupisco? Stiamo distruggendo l'ambiente. Mi preoccupa molto l'attuale cambiamento climatico, il global warming, che molti continuano a nascondere o a negare, rendendosi assolutamente ridicoli. Sono allarmato dallo scioglimento del Polo, dal passaggio di faune e flore di determinate latitudini in ambienti in cui non si erano mai avventurate prima, dal conseguente innalzamento delle acque, dal moltiplicarsi di tornadi e uragani con una periodicità e una costanza mai avute in precedenza e soprattutto in luoghi dove non si erano mai verificati, dall'aumento delle frane e delle slavine a causa del disboscamento, dalla scomparsa di molte specie animali, dall'inquinamento delle acque, dalle isole di plastica... È una lista terrificante che potrebbe anche continuare, eppure i più la ignorano e nulla cambia. La ragione è sempre la stessa che muove tutti gli altri ingranaggi nel mondo: chi produce guarda al breve termine e prende tutto ciò che può e che generi guadagni, a qualunque condizione. È sempre il solito ritornello: «Damme li sòrdi». E poi: ari-cucù. La spocchia.

Mi viene in mente quella meravigliosa frase del capo

indiano che disse: «Un giorno, quando finiranno i pesci nel mare e i bisonti sulla Terra, non potrete mangiarvi il vostro oro». È una grande verità. Per questo, nel mio piccolo, cerco di vivere con una certa attenzione nei confronti dell'ambiente. Continuo a dire ai ragazzi: «Se usate l'acqua, poi chiudetela; non lasciate i rubinetti aperti; quando uscite da una stanza spegnete la luce». Lo so, sono tante piccole cose che, se le fa soltanto una minoranza di persone, avranno pochissimo impatto sull'ambiente. Ma non si può sempre ragionare pensando che tanto non succederà mai niente se anche gli altri non faranno la loro parte. Ho deciso di stare attento e di essere responsabile. Mi auguro di non essere l'unico.

Due anni fa ho portato i miei figli a fare un safari fotografico in un parco nazionale e sono rimasti stupiti: hanno compreso quanto siamo piccoli e insignificanti rispetto alla varietà che offre il pianeta e si sono resi conto di quanto la natura possa essere accogliente se ti ci immedesimi, ma anche aspra e difficile se decidi di andarle contro. Anch'essa tende a proteggersi, se attaccata; respinge ed elimina quanti non si integrano in armonia.

Come specie animale, però, abbiamo smesso di renderci conto che della natura siamo solamente parte, non ne siamo padroni. Crediamo di poterla sottomettere. Ci sentiamo superiori e allora arriviamo al paradosso di prendere un pappagallo da tenere in casa ma di tagliargli le ali perché altrimenti vola. È un comportamento estremamente crudele, come dire: «C'ho 'sto ragazzino che corre per tutta casa, me so' stufato, mi dà noia, mo' gli spezzo le ginocchia». Ma stiamo scherzando? Se un animale che svolazza per casa crea dei fastidi, forse sarebbe stato meglio valutare l'acquisto di un pesce rosso: è improbabile che un giorno gli spuntino le ali.

Tanto un animale non può parlare, non ha voce in capitolo, e questo ci consente di fare come ci pare e di considerarlo un compagno migliore di qualsiasi persona si possa incontrare.

Sono amico degli animali e voglio bene alle bestiole che abbiamo in casa (dico, ho scritto un pezzo dedicato al mio gatto!), ma onestamente preferisco il contraddittorio e, dunque, scelgo senza dubbio la familiarità degli uomini. Poi, ho amici che, per animo e ingenuità, un po' gli animali me li ricordano.

Mi riferisco a Luca Laurenti. Eravamo in vacanza a Formentera e avevamo condiviso la casa; abbiamo sempre avuto orari molto diversi, lui e io. Luca è sempre stato un mattiniero, si alzava prestissimo, faceva colazione rapidamente e lo sentivo andar via con la moto. Partiva e spariva. Ritornava sempre verso le sei, sei e mezzo del pomeriggio, per cenare prima di uscire di nuovo. Una sera, era appena andato a fare la spesa e stava in cucina; l'ho raggiunto e l'ho trovato a tavola, che mangiava una scatoletta di tonno. Ho guardato bene sia lui sia la scatoletta e gli ho chiesto: «Ma che te stai a magna'?». Mi ha risposto: «Quello che ho comprato mo...». Dico: «Sì, ma quel tonno lì, l'hai letto bene che roba è?». Lui: «E che tonno deve essere? È tonno». Io: «Sì, ma è tonno Miao». Mi ha guardato, interdetto. «Come Miao?» «C'è scritto Miao. A Lu', è il tonno per i gatti!» Ancora non convinto: «Ma no, era nel reparto degli umani!». «Scusa, te l'hai mai visto prima il tonno Miao, con tanto di foto del micio sull'etichetta? Mi pare proprio cibo per gatti.» Avevo ragione. A lui è venuto il cagotto.

Non deve sorprendere questo episodio: Luca è così. Vive in un mondo a parte. È una persona importantissima per me, con cui ho condiviso spesso lo stesso pensiero, ma rispetto la sua natura solitaria. Ha rapporti intensi con tutta la mia famiglia, gioca con i miei figli; però ha anche un carattere molto schivo e concentrato su se stesso, sulle sue cose. Insomma, ha proprio la necessità di viversi la propria solitudine. Quindi, alla fin fine, lavoro a parte, ci frequentiamo pochissimo.

Nonostante questo, ho un mucchio di episodi che mi legano a lui e che mi fa piacere ricordare. Una volta, non so più dove fossimo, comunque in una casa, mi ha visto arrivare e, da lontano, con un entusiasmo e un sorriso giganteschi mi ha chiamato: «A Paolo! Sei arrivato!». Mi è corso incontro. Solo che tra me e lui c'era una finestra a vetri, trasparente, e Luca l'ha presa in pieno. È andato giù secco.

Quello che amo di più di questo mio compagno di avventure è che sa ridere, soprattutto di se stesso. È una maschera naturale che mi ha permesso, televisivamente parlando, di svisare qualsiasi tipo di racconto mi trovi a fare. Voglio dire che, attraverso di lui, ho potuto parlare di cose serie mostrando, allo stesso tempo, che non sono necessariamente noiose. E forse nemmeno così serie.

Luca e io ci siamo conosciuti con la trasmissione «Urka».* Correva l'anno 1991 e insieme a Dario Viola, uno degli autori, avevamo deciso di fare all'interno del quiz anche domande musicali. Cercavamo quindi qualcuno che cantasse.

Ascoltammo tantissime voci, finché arrivò un ragazzo di media statura che portava con sé una busta bianca del supermercato. Si presentò, con quella voce incollocabile nel mondo della canzone, e lo invitammo alla tastiera, ma lui rispose: «Suono solo con la mia. È in macchina.» La portò in studio e aspettammo che sistemasse tutta la moltitudine di cavi e cavetti, finché non fu pronto a cantare: ci fece ascoltare *Overjoyed* di Stevie Wonder. Restammo basiti. Pensammo che la voce non fosse la sua e che dovesse provenire da un cd! Io quella sua distonia tra la voce potente nel canto e quella a citofono del parlato l'ho subito trovata meravigliosa.

A quell'epoca registravamo il programma a Milano, dove vivevo da solo perché era finito il mio primo

---

* Quiz andato in onda su Italia 1 dal 7 gennaio al 28 giugno 1991 alle 14,30, dal lunedì al venerdì, con la regia di Lorenzo Lorenzini. In ogni puntata tre concorrenti, il campione in carica e due sfidanti, si affrontavano in due manche al termine delle quali quello in svantaggio era catapultato fuori dallo studio con tutta la poltrona su cui sedeva, talvolta ricevendo un gavettone di acqua o farina.

matrimonio, e Luca non sapeva dove andare a dormire. Lo invitai a stare a casa mia e lui accettò. Non avevo pensato, però, che lui doveva provare le canzoni per la trasmissione, quindi la sera, a una certa ora, cominciava a cantare accompagnandosi con la tastiera. Dopo un po' dovetti dirgli: «A Lu', io non gliela faccio così. Troviamo una soluzione». E lui prontamente: «No, va bene, adesso metto le cuffie. Tutto a posto, tranquillo». «Io sto tranquillo, ma pure con le cuffie... non sentirò più la musica, ma te sì!» «E c'hai ragione!»

Certo che avevo ragione. Infatti, finì che lo sentivo comunque cantare tutta la sera e non c'era neanche la melodia ad accompagnarlo: era una specie di ululato da licantropo, ma non ebbi cuore di dirgli più nulla. Luca è sempre stato un uomo estremamente educato e rispettoso e non volevo metterlo in difficoltà, dal momento che si trattava pur sempre di lavoro.

Qualche volta, questa sua educazione si è rivelata persino eccessiva. Sempre nel periodo di convivenza milanese, accadeva che ogni mattina alle 6,30 Laurenti si alzasse e uscisse per andare a fare colazione. Dal momento che era mio ospite, sentiva l'esigenza di entrare in camera mia e avvisarmi che stava uscendo: «Pa'?». «Che è? Dimmi, Luca.» «Io vado a fare colazione.» Ressi quattro, cinque giorni, poi sbottai: «Devi anna'? Vai! Se ogni volta me svegli, allora mi alzo prima e vengo a fare colazione pure io!».

Laurenti a parte, sì, qualche amico ce l'ho. Ma sono

pochi perché, mentre mi concedo molto all'allegria, al divertimento e allo scherzo, divento invece molto cauto se la cosa si fa più densa. Fa parte del mio carattere. Così come è difficile che mi apra con qualcuno: sono molto geloso del mio "intimo" e, visto che lo chiamo così, reputo debba restare personale e non vada condiviso con altri. Inoltre, una cosa che proprio non sopporto è diventare un peso per qualcuno: se ho delle afflizioni, non posso immaginare di riversarle anche sul mio amico, che già avrà le sue. Preferisco risolverle da solo.

Insomma, ho pochi amici, li setaccio bene. Ce n'è uno che è proprio storico, però. Si chiama Massimo Beltramo e lo incontrai quando facevamo la prima media, a 11 anni: eravamo in sezioni differenti, io nella A e lui nella C, ma dal momento in cui ci siamo conosciuti fino al diploma del liceo classico siamo stati sempre insieme.

Abbiamo condiviso tantissime cose: lui veniva spesso a casa mia e dormiva da me; i nostri padri erano in ottimi rapporti e giocavamo a calcio insieme, quasi sempre nelle stesse squadre. Massimo era molto "fumantino", si arrabbiava facilmente e spesso litigava in campo; io ero più subdolo, nel senso che non animavo alcuna discussione, ma se qualcuno mi aveva fatto qualche sgarro sapevo aspettare. Durante la partita, tanto, il pallone e il fetente sarebbero ripassati dalle mie parti. Non perdevo tempo a discutere, come faceva Massimo.

Avevamo molto in comune. La scuola dove andavamo era frequentata da ragazzi di famiglie particolarmente agiate. Le nostre però non lo erano. Al suono della campanella alle cinque, gli altri ragazzi avevano sempre qualcuno ad aspettarli: chi i genitori, chi la colf, chi l'autista. Noi dovevamo attendere i nostri padri fino a tardi, quando avrebbero finito di lavorare. Mentre scendeva il buio della sera e il bidello, Angelo, ci chiedeva: «Ma quando ve ne andate?», noi giocavamo a calcio con una palletta da tennis. Litigavamo per un gol, per una parata, per un presunto fallo di mano; arrivavamo anche a prenderci a schiaffi. Ora che ci penso, ce ne siamo date tante. Poi arrivavano i nostri genitori e finiva tutto lì. Eravamo sempre amici e non vedevamo l'ora di ritrovarci l'indomani.

In seguito, ci siamo persi per un lungo lasso di tempo. Lui lavorava in borsa, io facevo la televisione: due mondi troppo distanti. Ci siamo incontrati di nuovo casualmente in aeroporto, abbiamo incrociato i nostri sguardi al gate, ci siamo seduti vicino e abbiamo cominciato a chiacchierare, come se non fosse passato neanche un giorno, con la stessa intesa di sempre.

Abbiamo ricominciato a vederci: giochiamo spesso a tennis, andiamo a mangiare fuori; abbiamo visto crescere i nostri figli e anche ora che lui vive a Vancouver, in Canada, ogni volta che viene in Italia ci incontriamo e passiamo del tempo insieme.

Ci sono anche altre persone, nella mia vita, che considero amici veri: ho un bellissimo rapporto con Roberto Imbriale, lavora con me e ha una delicatezza interiore unica; c'è Massimo Cassano, il marito di Diletta, una cara amica di mia moglie; c'è stato Stefano Magnaghi, autore con cui ho avuto una grande intesa intellettuale, importante, che è finita senza che io sappia esattamente perché. Nell'amicizia si devono rispettare le scelte degli altri, anche quando non le si capiscono.

Poi c'è una presenza costante nella mia esistenza, da trentadue anni: è quella di Lucio Presta, il mio agente. Dopo tutto questo tempo, è evidente che si è creato un rapporto che va oltre il mero piano lavorativo: con lui ci sono densità e concomitanza di interessi e mi rendo conto di quanto sia essenziale, nella mia vita. Descritto come prepotente e arraffone, è la persona più onesta e sincera che conosca. Talvolta mi stupisce la sua lucidità, che però trasuda sempre comprensione e rispetto.

Certo che mi sono capitati anche degli "approfittatori"! Ma se ci penso bene, mi dico che preoccuparmi di svelare se un'amicizia sia interessata o no non ha molto senso. Sarebbe un lavoro quasi "da illusionista": dovrei passare il tempo a cercare dove sta il trucco. Preferisco invece godermi lo spettacolo. Se scopro l'inganno, muore lo spettacolo e, con lui, l'illusionista. Ma se non scorgo il trucco perché il mago è stato bravo, allora chi se ne importa… Penso invece che, se un rapporto è piacevole, lo è al di là delle ragioni per cui viene portato avanti. Va bene così.

Questo, però, non mette al riparo dai tradimenti degli amici. Ma, a differenza di un rapporto d'amore, quello d'amicizia è più ragionato, nel piacere come nel dolore.

Inoltre, emotivamente non si fa un investimento di unicità: puoi avere una donna soltanto, ma diversi amici. Forse questo accade perché dietro un rapporto d'amicizia non c'è la forza generatrice. La fedeltà è un'esigenza che nasce da un enigma: se la donna che ho accanto è molto disponibile anche "in trasferta", questo non mi rende sicuro della paternità di un eventuale figlio. Ecco, penso che agli albori del genere umano il concetto di fedeltà e di unicità sia nato da questo principio.

Insomma, il tradimento di un amico o di un amore sono due delusioni molto diverse.

Honoré de Balzac sintetizza benissimo questo mio pensiero: «Quel che rende indissolubili le amicizie e ne raddoppia l'incanto è un sentimento che manca all'amore: la sicurezza».

La fiducia, data e richiesta, è la vera differenza che distingue, nella nostra vita, le persone che ci accompagnano dal resto del mondo.

Amore e sesso a Hanging Rock

12 febbraio 2005

L'amore fedele è dove riposa la tua vita.

Lo stesso amore che accende la fantasia, che chiede la poesia attenta dei gesti e delle parole. L'amore che perdona. Che capisce. Che segue attento il tuo tempo che passa. Quell'amore che ti svuota lo stomaco e, quando è lontano, ti sfibra l'anima e il tempo nell'attesa di riaverlo. Che ti fa soffrire perché non ti può e non lo puoi carezzare.

Quello stesso amore, quando ti è vicino, dà quel sapore intenso di felicità che null'altro nella vita ti può dare. Nemmeno la libertà.

Ogni altro modo di amare, sostenuto da pericolanti equilibri del pensiero con la quotidiana cosmesi dei gesti per coprirne il volto vuoto, è solo un alto recinto che ti separa dalla vita.

Forse è un vestito che ti fa notare agli occhi altrui, ma troppo scomodo per vivere. Le cuciture della menzogna non potranno mai durare e presto si strapperà davanti al mondo.

E sentirai freddo.

Se l'amore può essere eterno?

Be', che domanda… Il problema dell'amore è che deve fare i conti con la realtà. Si può essere anche innamorati del concetto di amore e delle sue potenzialità, però pretendere che si mantenga e si realizzi quotidianamente, in una temporalità estesa, con quella purezza, con quella idealizzazione… è difficile.

Il segreto sta nel non pretendere che l'amore abbia sempre le stesse fattezze e nell'accettarne i mutamenti che ci sembrano imperfezioni.

Altrimenti chiunque, solamente perché nuovo, ti genera un'emozione. Ma quanto può durare? Passerai da un'emozione all'altra senza quasi accorgertene, perché non accetti la vita, ne accetti solo la sua idealizzazione.

I rapporti nel tempo si trasformano in qualcosa di diverso e questo è inevitabile. I fatti della vita erodono, corrodono o trasformano, migliorano, peggiorano, di sicuro cambiano ciò che ci circonda.

Soprattutto con la persona che uno ha accanto. L'hai vicina ogni minuto. Passano gli anni e la tua reazione è diversa rispetto ai primi giorni.

Mi sorprendo sempre molto quando sento dire: «Ci separiamo perché ormai siamo diventati come fratello e sorella». Cosa pensavate succedesse? Quello è proprio il momento in cui la passione cambia in altro. Lì c'è il concetto di Amore e semmai con la fantasia giocosa si potrebbe considerare anche l'opzione "incesto".

Sì, sono romantico, sì.

Mi piace l'idea d'intravvedere la bellezza: credo che l'essere romantici sia uno dei tanti passaggi del senso estetico della vita. Solo che al romantico molto spesso viene accostato il concetto di melenso, di vecchio, di noioso. Invece il romanticismo è una lente colorata! È come usare i filtri, in fotografia, per dare densità al panorama che si sta rappresentando; ecco, credo che il romanticismo sia proprio uno di questi filtri, che ti permettono di vivere le cose con più sfumature.

Non saprei dire cosa ho fatto di spudoratamente romantico, però... ho perdonato. Comprendere e perdonare una debolezza, un comportamento, è un gesto profondamente romantico, al pari di una carezza, di un silenzio di fronte a qualcosa di condiviso.

Per conquistare mia moglie Sonia?

Tanti anni fa, conducevo un programma che si chiamava «Tira & Molla»* e Sonia faceva le telepromozioni. L'ho trovata subito bellissima: due occhi azzurri pazzeschi, un seno meraviglioso... scusate eh, ma sono particolari su cui si poggia l'attenzione di una persona. Certe volte ci si fissa sul carattere, certe volte su alcuni altri aspetti: io mi ricordo che furono queste due prerogative fisiche ad alimentare subito il desiderio. Poi, conoscendola, ho scoperto una donna intelligente, brillante, dalla mente agile e pronta. Il tempo ha fatto il resto.

All'inizio di un rapporto si tratta quasi sempre di passione, di "appetito", poi ovviamente subentrano tante altre cose.

Siamo stati insieme per un po', poi ci è venuta la voglia di concentrare la nostra attenzione esclusivamente sulla coppia: la cosa ha garbato a entrambi ed è diventata matrimonio. Quella felicità del matrimonio è diventata figli e quei figli e quel matrimonio e quell'attenzione quotidiana è quello che viviamo tutti i santi giorni, con ciò che ti dà e con ciò che ti toglie.

Vale per le cose materiali e anche per i sentimenti: se fai attenzione a ciò che qualcosa ti dà sei contento, se fai attenzione a ciò che ti toglie vivi una vita infelice. Questo in qualunque circostanza dell'esistenza. Mi rendo conto che oggi il matrimonio è più difficile rispetto

* Gioco a premi andato in onda su Canale 5 dal 1° ottobre 1996 al 31 ottobre 1998, prima nella fascia preserale e poi in quella del mezzogiorno, dal lunedì al sabato. Bonolis ha condotto le prime due edizioni.

a epoche passate, perché siamo dell'idea che ci spetti un po' tutto.

Se guardiamo alla persona che abbiamo accanto come a un ostacolo, un limite che ci esclude una moltitudine di possibilità, allora quella non è una compagna ma è una barriera. In questo modo, è inevitabile essere perennemente insoddisfatti. Deriva dalla mentalità consumistica, dove le cose si cambiano nel momento in cui non appassionano più.

Secondo me, il tanto vituperato matrimonio è imprimere un senso geometrico al sentimento. È dare forma a qualcosa di vagabondo come un'emozione, un rapporto è la concretizzazione di quel sentimento, sennò sono solo parole. Devi apprezzarlo quando riesci a costruirlo. È una fortuna quando ti capita una cosa del genere. Poi negli anni la forma cambia, anzi deve cambiare. Se pensi possa restare sempre come il primo giorno, sei un povero illuso.

In fondo, la coppia è un'azienda che prevede attenzione a quello che si fa. È bello stare con qualcuno, se riesci a farlo felice; e, per poterlo rendere tale, devi capire cosa desidera. Allora vedrai la gioia nei suoi sorrisi.

L'amore è qualcosa che cresce e si trasforma. A dire la verità, a mio parere all'inizio si può parlare di passione, di desiderio, di fascino esercitato dall'altra persona. È quando la passione scema che ci si rende conto se si riesce a fare a meno del partner, con tutti i suoi difetti, le difficoltà e gli eventuali problemi. Nel momento in cui, alla luce di tutto questo, l'altro resta una presenza indispensabile nella propria esistenza, be' allora è nato l'amore.

Perché l'amore non deve essere conveniente. Eh no, così sono bravi tutti!

Qui torniamo al discorso di partenza. In una coppia il gioco sessuale è fondamentale per rinnovarsi, per mantenere vivo il rapporto. È un premio che ti concedi, dove non c'è spazio né per la vergogna né per il peccato, ma solo per la fantasia. È un gioco seduttivo.

Ovviamente in una coppia il gioco, quello sessuale, è fondamentale! Come interferiscono tra loro l'amore e il sesso? In realtà non so se si possa parlare proprio di un'interferenza: sono due elementi che possono abbracciarsi o ignorarsi. Diventano una cosa piacevolissima nel momento in cui si coniugano, quando le sensazioni che l'amore ti può dare si uniscono al divertimento che il sesso ti offre. Sarò sempre grato alla Chiesa cattolica per aver trasformato l'atto sessuale in un peccato, perché l'ha reso saporito. Altrimenti sarebbe un mero atto riproduttivo.

Il sesso inteso come rapina all'esistenza, come tentativo di sfuggire agli strali del senso di colpa, diventa molto più divertente, perché entra in gioco una spezia che altrimenti sarebbe sconosciuta: la malizia.

Il sentimento, "l'amore", è una cosa abbastanza trasversale a tutte le epoche. Ognuno di noi prova gli stessi sussulti affettivi nei confronti della persona che ha accanto, mentre la sessualità è varia, si prende il colore che una certa coppia riesce a darle nel momento in cui inizia a interpretarla. Si tratta di un colore cangiante, non solo da relazione a relazione, ma anche nel corso del tempo all'interno dello stesso rapporto. Direi che sesso e amore sono due aspetti della nostra vita che si possono tranquillamente sposare, ma possono anche vivere indipendentemente.

Io? Be', al sesso mi sono approcciato con una buona dose di ingenuità, è stato una vera e propria scoperta, anche perché da ragazzino le femmine erano un universo lontano. Per tutti quelli della mia generazione, non c'erano tante occasioni per stare vicino alle rappresentanti dell'altro sesso: così fino ai 16 anni, per me, le ragazze erano solo "quelle che non giocano a pallone".

Le cose sono cambiate quando per la prima volta andai a Bournemouth, nell'Inghilterra del Sud, per imparare l'inglese. Ero ospite di una famiglia locale. C'era una marea di italiani e di inglese ne imparai davvero poco. Le italiane, per dircela tutta, erano piuttosto restie a concedersi: qualche bacetto, qualche palpatina, niente di più. Questo era il massimo a cui potevi ambire. Con alcune straniere, invece, si poteva immaginare di raggiungere terre ben più inesplorate.

Era la famosa "epoca" delle svedesi. Anzi, più che l'epoca, era proprio l'epopea. In quegli anni, anche il cinema fu invaso da decine di meravigliose ragazze svedesi protagoniste di commedie sexy.

In realtà, le svedesi erano delle ragazze come le altre, solo con una mentalità più spensierata, più incline al divertimento e meno condizionata da certi tabù. Erano meno chiuse, sì, ma non sfacciate, e non erano indifferenti al sentimento e all'approccio galante. Siamo stati noi italiani che le abbiamo mitizzate un po' troppo.

Comunque fu proprio grazie a una ragazza scandinava, mi ricordo si chiamava Serpa, che lì in Inghilterra ebbi per la prima volta dei sussulti ormonali di una certa rilevanza. Ora, questa fanciulla aveva alcuni pregi, ad esempio era molto gentile e disponibile, e infatti mi si concesse anche se solo fino a un certo punto. Il difetto era che sputava, sputava tantissimo. Non so perché. Me la feci andar bene. Come si dice a Roma, «in tempo de guera non se butta gnente».

Invece la mia prima volta, quella vera, fu con una ragazza francese molto più grande, che si era invaghita follemente di me. 'Na matta. Posso giurare che quella "prima volta" durò tra l'uno e i tre secondi. Fu una cosa istantanea. Credo che la signorina rimase piuttosto delusa. Io no. Ma ero un ragazzino, era talmente febbrile l'emozione della prima volta che si ridusse a un "tana libera tutti". Credo sia successo a molti: incroci questa cosa dopo averla pensata e rielaborata mentalmente da adolescente per chissà quanto tempo e, nel momento in cui, per così dire, si passa dalla freddezza della mano al calore umano, cambia tutto.

Diciamo che a quell'epoca sopportavo a fatica il caldo. Poi, con il passare degli anni diventi quasi atermico! Certe volte risulta anche faticoso, perché vorresti riscontrare differenza di temperatura. Insomma, è strano ma siamo degli organismi in fase eternamente decompositiva. Con il passare del tempo, probabilmente non solo la biologia ma anche la consuetudine ti porta a smussare le emozioni e quindi a vivere il sesso in una maniera completamente differente, forse mentalmente più acrobatica. Voglio dire che il rapporto sessuale diventa più un gioco nel quale sei in grado di gestire la durata come meglio credi, perché trasformi quelle situazioni, che prima erano solamente emotive, in una sorta di "professionalità dell'atto": diventi più abile, ti conosci di più, conosci di più il tuo partner, ne cogli le sfumature, ne sai andare a cercare i passaggi più piacevoli… insomma, metti a frutto l'esperienza. Sintetizzo: all'inizio il sesso è un'esplosione, difficile da gestire perché completamente nuovo; è lui che comanda te. Col tempo, sei tu che arrivi a comandare il sesso. Ci saranno pure dei vantaggi ad avere qualche anno in più, no?

Certo, lo so che i quindicenni di oggi sono molto diversi da quello che ero io alla loro età. Però non farei cambio con loro. Neanche sapendo quanto sia più accessibile "il proibito" di questi tempi. Anzi, proprio in virtù di questo.

Ad esempio, non sono mai andato con una prostituta per una ragione molto semplice: mi manca la seduzione! Da quindicenne, facevo talmente tanta fatica a raggiungere un obiettivo di scoperta che mi ricordo ancora oggi le poche occasioni che riuscivo ad afferrare.

Nella quantità e nella facile accessibilità odierna, credo che si disperda molto del piacere della "caccia", chiamiamola così, che è un termine forse improprio, ma rende l'idea. Se vado al laghetto di pesca sportiva, alla quinta trota che tiro su in dieci minuti già mi sono stufato... tanto vale comprarle in pescheria! Se invece getto amo e lenza nel torrente, quando, e se, ne abbocca anche solo una è fichissimo, perché significa che sono stato bravo, me la sono "guadagnata"!

Per me nella sessualità è la stessa cosa: quello che mi attira maggiormente è il percorso seduttivo. La lentezza dell'acquisizione di allora la trovo più prelibata rispetto alla facilità dell'acchiappo odierno.

Il sesso, come tutte le cose della vita, fondamentalmente è uno stato mentale e lo stato mentale si riversa nella sessualità, che è bella e varia perché individuale e tutta da scoprire. Ognuno ha il proprio modo di intendere l'atto, diverso da tutti gli altri, ma la parte più affascinante è portare l'altro nel tuo stesso territorio di desiderio. Più è difficile la cosa, più è intrigante il percorso e maggiore l'impegno che ci devi mettere.

Se preferisco il *frottage*, il *rimming* o il *garbling* nel sesso? Boh. Probabilmente pratico quelle cose ma non so che si chiamano così!

L'amore, in tutto questo, quando arriva? Be', come sostiene Woody Allen, l'amore è la risposta, ma mentre aspettate la risposta il sesso può suggerire delle ottime domande. Quando compilavo il mio personalissimo questionario, nella vita, fortunatamente è successo che qualche volta mi sia pure innamorato.

La mia prima cotta da ragazzino la ebbi a 16 anni vedendo un film di Peter Weir, *Picnic a Hanging Rock*. La protagonista era l'attrice Anne Louise Lambert, che interpretava una collegiale eterea e divenne la mia icona di bellezza da lì in poi. Somigliava molto alla Venere del Botticelli: capelli biondi lunghi e morbidi, occhi azzurri, lineamenti delicati che le conferivano un aspetto d'altra epoca.

Era l'essenza dell'amore e per conquistarla avrei fatto anche una pazzia. D'altra parte, l'amore è bello se è "epico", sofferto, perché in questa sofferenza ti godi l'intensità del sentimento, un po' come accadeva in epoca cavalleresca. Sarà che da ragazzino ho letto tantissimi di quei libri di "cappa e spada"! Nella mia mente c'era sempre la necessità di essere innamorato di una principessa da salvare: dovevo regolarmente sconfiggere draghi e superare boschi infidi e maledetti per poterla raggiungere.

Talvolta i fatti non corrispondevano a questo ideale. Quando capitava che le principesse attraversassero velocemente la foresta per venire a trovare il cavaliere mi sentivo un po' smarrito. Ai loro occhi dovevo apparire anche un po' ridicolo: piangevo, soffrivo, mi struggevo.

Intorno ai 18 anni feci un viaggio alle Seychelles con mio padre e mia madre e mi innamorai sul serio per la prima volta. I miei risparmiavano tutto l'anno per poterci concedere in estate un bel viaggio insieme. Secondo loro, come diceva Mao Tse-tung: «Si impara più con mille chilometri che con centomila pagine di libri».

Quell'anno, su quell'isola dell'oceano Indiano, incontrai una ragazza molto carina e molto somigliante alla protagonista di *Picnic a Hanging Rock*: era inglese, si chiamava Carol Stringer e viveva a Hong Kong. Fra noi ci furono solo sguardi e parole, ma ci promettemmo amore per sempre.

Restammo d'accordo che l'estate successiva l'avrei ospitata a Roma. Quando i miei partirono per un nuovo viaggio, per la prima volta decisi di non andare: sarei rimasto a casa ad aspettare lei.

Non venne.

Fui preda di un dolore mistico e mi buttai sul cibo ma, disperato com'ero, mi tagliai i tendini della mano sinistra cercando di affettare il prosciutto.

Passai un'estate da solo, con la mano ingessata e le dita bloccate tipo pistola P38 – postura che in quegli anni, 1979-80, in pieno terrorismo – non era molto consigliata…

Una brutta estate. Se ci ripenso, quell'ideale di amor cortese mi fa sorridere anche se, in fondo, non sono poi cambiato tanto. Sono solo diventato un po' più concreto.

Cosa mi seduce? L'eleganza della malizia. Sono il fascino e la volontà di passione che mi attirano. Credo che il desiderio sia un rimbalzo. Una donna bella ma priva di passione è totalmente insignificante. Molto meglio una donna brutta ma capace di accendersi di desiderio, perché è il suo che accende il mio.

È un gioco di specchi, anche in chiave affettiva: come dicevano i Beatles: «L'amore che ricevi è uguale all'amore che dai». Lo stesso vale nella passione: se dall'altra parte c'è indifferenza o freddezza, puoi essere bionda o mora, ave' la gamba lunga, la gamba corta, il culo piatto, il culo dritto, le tette grosse, le tette piccole, a pera o no, non me ne frega niente. È la personalità che gioca la carta fondamentale, sennò resti una insignificante.

Se ho avuto donne brutte? Mai. La bellezza è negli occhi di chi guarda.

«Zzzz… capacità di calcolo insufficiente»

24 aprile 2017

Credo che l'idea di Dio e la sofisticata tecnologia della rete siano un po' la stessa cosa, almeno per come vengono percepiti dalle nostre ansie. Insomma, la Natura Umana è senza scopo, lo Spazio la limita e il Tempo la corrode. Un bel problema! Come se ne esce?

Signori, Dio e internet vi mettono a disposizione appetitose realtà virtuali nelle quali liberarsi delle zavorre della nostra vita: lo Spazio e il Tempo. È vero che Dio vi offre anche uno scopo, ma l'alleggerimento da Spazio e Tempo è solo in ottica ultraterrena. Internet, di contro, con la sua velocità e l'immensità dei suoi contenuti, annulla quasi completamente la gravità spazio-temporale già nella nostra dimensione.

Se poi, nelle infinite maglie della rete, si nascondesse e si scoprisse anche la risposta al mistero del Senso... be', magari le vostre preghiere verranno servite, prima o poi, da una nuovissima app.

Venghino, signori, venghino!

8 settembre 2018

È vero, come ragiona Alessandro Baricco nel suo splendido saggio The Game, *che la rivoluzione digitale nasce per distruggere e quindi per superare il passato solido a favore di un futuro liquido più leggero, veloce e assimilabile, nonché privo di mediazioni e profondamente democratico. Rischia però, secondo me, di fallire perché viaggia più veloce dell'umano presente.*

La velocità che offre la tecnologia, e che alimenta se stessa in un continuo accrescimento delle sue possibilità, non è quella a cui viaggia la natura biologica umana. Sono treni diversi con diversi binari e quello umano rischia di deragliare.

Credo che possiamo, vogliamo e dobbiamo migliorare la nostra qualità di vita assorbendo e condividendo il progresso tecnologico, ma non presumendo di trasformare la nostra vita alla medesima velocità con la quale la tecnologia trasforma se stessa. È una rincorsa impossibile che può smarrire o, a breve, indurre a rifiutare il progresso stesso. Migliorare la condizione umana nel rischio di smettere di essere umani è un progetto a perdere.

Sempre connessi. Sempre. Tutti. Risucchiati nell'ipnosi dei nostri iPhone. Non siamo più dove realmente siamo, ma in mille altrove contemporaneamente. Non siamo più con chi abbiamo di fronte, ma con decine di altri fantasmi bidimensionali che ci danzano nel cervello sgusciando dalla nostra tecnologia sempre a portata di mano. Ciò che ci circonda o che abbiamo di fronte diventa ben poca cosa. Ma perché? Di cosa abbiamo paura? È un continuo, festoso e incosciente stato di allerta. Sfiancante. La realtà di luoghi o persone evapora per il torrido calore di questa incorporea ma continua suggestione di mille altre voci e sirene. La quantità ha sopraffatto la qualità. Meglio il mucchio del bersaglio. Comincio a sentirmi solo perché c'è troppa gente.

    Vedo molti pericoli nell'abuso del mezzo tecnologico. Abuso, non uso, così, per chiarire subito.

    Tuttavia, non sono così rétro. Comprendo anch'io

l'utilità di avere milioni di informazioni racchiuse in un oggetto minuscolo come uno smartphone; quello che condanno è altro. Oggi ci si richiede di essere veloci: SEMPRE! Veloci nell'apprendere, veloci a conseguire risultati, veloci nel sapere, nel decidere e nel fare. La tecnologia ha la possibilità di aiutare l'uomo a fare le cose rapidamente, ma non possiamo ignorare che, di fondo, la nostra biologia richiede altro, perché la conoscenza possa permanere. Noi abbiamo bisogno di tempo, di riflessione per "leggere" la realtà.

Se i ragazzi devono fare una ricerca a scuola vanno su internet, premono un pulsante, scelgono l'argomento, scaricano il testo e presumono di averla fatta; non c'è alcuna fatica dietro! Solo che, mentre il computer può permettersi quella velocità, la mente umana non ci riesce. Cosa resterà nelle menti di quegli studenti? Quanto ci metteranno a dimenticare i risultati delle loro "ricerche"?

Se si interra un fagiolo, c'è un intervallo biologico necessario perché diventi piantina. Mentre la tecnologia continuerà a svilupparsi in un crescendo di velocità, noi avremo ancora i nostri tempi naturali imprescindibili, che dovremo rispettare: ci vorranno sempre nove mesi di gestazione per nascere e, con ogni probabilità, un raffreddore passerà comunque in sette giorni.

Uomini e tecnologia si trovano su due binari diversi, con velocità differenti. Penso che il nostro treno di esseri umani non abbia a disposizione quella rapidità e rischi di deragliare nel tentativo di star dietro all'altro convoglio.

In fondo, non sarebbe neanche giusto: correre così tanto ti fa perdere il gusto della vita! La nostra esistenza è fatta anche di attese che danno sapore al sentimento, senso e sostanza alla conoscenza, e che prevedono la noia in cui nasce e si sviluppa la fantasia.

Se alla mente umana non viene più concesso tutto questo, se appena ha un momento si tuffa in rete, quando tornerà a guardarsi attorno farà fatica a riconoscere ciò che la circonda, a distinguerlo e a desiderarlo. Effetti collaterali della realtà virtuale!

Qualche giorno fa, ascoltando la radio, ho saputo dell'esistenza di un'app che pare stia riscuotendo molto successo tra i baristi, capace di calcolare esattamente quanti bicchieri si hanno ancora a disposizione da una bottiglia già iniziata di una qualsiasi bevanda. «Così è più comodo.» Ma è possibile che uno che per mestiere serve da bere non sappia già a occhio, per esperienza, quanti bicchieri possa riempire con il liquido che ha?

A forza di app che aiutano a non fare più fatica, a un certo punto non saremo più capaci di fare alcunché e saranno le app a vivere per noi. Mi sembra che ci stiano costruendo una prigione virtuale, in cui resteremo incastrati.

Tuttavia, riconosco il fascino di internet. È stuzzicante pensare di rendere quasi insignificanti lo Spazio e il Tempo. Ma questo accade finché sei on line. Poi bisogna tornare nella vita. E quella è concreta. È fatta di tempi, spazi e odori.

E allora che succede? Che ci ritroviamo tutti spaesati, come dei pesci fuor d'acqua. Se si manomettesse il navigatore in macchina a qualcuno, quello non saprebbe più dove andare. Io faccio come una volta: abbasso il finestrino e chiedo informazioni. In fondo, non è male. Scatta anche una relazione umana. Bisogna interfacciarsi con qualcuno che, pensa!, potrebbe essere anche gentile… Poi ci si deve sforzare per ricordare la strada che va memorizzata e diventa sempre più semplice, perché si sta facendo attenzione a dove si va. Ah! Dimenticavo che, oltretutto, la volta successiva te la ricorderai.

I numeri di telefono? Mi ricordo ancora quello di casa dei miei, quelli dei miei amici del liceo di quarant'anni fa. In compenso oggi, se perdo il cellulare sono un uomo finito, non riesco neanche a chiamare a memoria mia moglie. Banalità? Non tutte.

I posti di lavoro diminuiranno sempre di più, perché la tecnologia, dalla scoperta della ruota che ha sollevato l'uomo da eccessive fatiche, ormai può praticamente tutto. Bene. Poi come verranno impiegate le persone?

È chiaro che non condanno la tecnologia utilizzata a fin di bene, per esempio in medicina per guarire o aiutare le persone. Ma sarebbe perfetto se si trovasse l'equilibrio tra l'analogico e il digitale: allora sì che si potrebbe stare bene. Il problema semmai è la presenza di un terzo incomodo, ovvero il lucro. Le novità tecnologiche attirano in maniera rapace perché sono una necessità indotta, imbellettata dalla cosmesi nelle pubblicità. Le industrie che maggiormente esplodono nelle borse sono quelle che lavorano su prodotti di altissima e raffinata tecnologia, perché tutto spinge da quella parte.

Sono cresciuto in un'epoca che si avvitava sulle ideologie. Oggi tutto si avvita sulle tecnologie. Sarà meglio? Non lo so, purché la tecnologia non diventi un'ideologia.

Ho la sensazione che stiano lavorando per creare, generazione dopo generazione, un mondo di inetti, privi di coscienza, che dipendano unicamente dallo schermo dello smartphone. Il giorno in cui glielo toglieranno dalle mani, li avranno in loro potere; non saranno più in grado di muoversi autonomamente, non sapranno decidere e li porteranno dove vorranno.

Ho poca fiducia negli uomini? Forse. Ma siamo esseri fragili, e se ci mettiamo comodi è finita perché la comodità della tecnologia entra, come l'acqua, negli interstizi della nostra debolezza. Si vede già oggi, con le nuove generazioni. C'è forse un bambino senza smartphone? E quanti danni provoca tra i ragazzi? L'ho potuto toccare con mano, per un fatto accaduto recentemente alla mia figlia più piccola.

Adele ha una mente vivace, studia volentieri e fin dalle elementari ha sempre preso tutti 10. Ora ha 11 anni e dunque è passata in prima media. Dopo un mese e mezzo di scuola, ci siamo accorti che non voleva più studiare, che piangeva di nascosto e i brutti voti fioccavano. «Adele, che sta succedendo?» «Non mi va di studiare. Non ci riesco.» Ci sembrava molto strano. Dopo qualche giorno, ha trovato il coraggio di confidarsi con la madre e ha spiegato le sue difficoltà: il problema era che un paio di ragazzini la stavano bullizzando tramite messaggi sul cellulare, insultando lei e noi genitori. Abbiamo compreso che non c'era nient'altro da fare che cambiarle scuola. Da allora, Adele ha ricominciato a prendere i soliti 9 e 10.

In un caso come questo, a noi è andata anche bene. Ce ne siamo accorti per tempo e abbiamo preso delle contromisure, ma il cellulare si è rivelato molto pericoloso e i dolorosi fatti di cronaca, che ci raccontano di ragazzi che si tolgono la vita perché presi in giro crudelmente e in assoluto anonimato (maschera vigliacca) magari per il proprio orientamento sessuale, avallano le mie preoccupazioni. Ritengo che, dal momento che esiste una patente per i sedicenni che vogliono guidare le mini auto da città, bisognerebbe rendere obbligatoria per legge anche la patente per usare lo smartphone. Nessuno dovrebbe poter avere il cellulare prima dei 16 anni. Bisogna, sì, garantire alle nuove generazioni di essere coerenti con l'evoluzione ma, prima di sviluppare una tecnica virtuale, devono essere capaci di formarsi un'anima analogica.

La differenza con i genitori che posseggono gli smartphone è proprio questa: si tratta di persone che, per un fatto meramente anagrafico, hanno sperimentato una vita analogica e oggi si trovano necessariamente a utilizzare strumenti digitali. Si sono comunque rincoglioniti appresso alla tecnologia, però prima hanno vissuto altro, sanno com'era in passato.

Ricordo la mia vita prima dell'avvento di tutto questo: ho sempre viaggiato molto e mi rivedo alla stazione, a ingannare l'attesa guardandomi intorno. Osservavo le persone, le osservavo davvero con attenzione. Guardando gli altri, percependo gli altri, sentivo e notavo le differenze, studiavo il mio mondo, lo gustavo e aveva mille sapori. Oggi la gente non si guarda più! L'esistenza che viviamo è bidimensionale, si trova in una scatoletta e non è dedotta da noi, bensì indotta da altri. Lo trovo pericolosissimo.

C'è un apparecchio che bisogna comprare per entrare in una realtà impalpabile che non è nemmeno la nostra, quando attorno a noi c'è una concretezza tutta gratis; siamo fatti di ciccia, non di silicio e collegamenti!

Ma occhio: quella virtuale è una realtà che si può anche rompere o perdere! Pensa che fregatura! Si scassa lo smartphone: PANICO! Si chiama "nomofobia" ed è la paura di rimanere scollegati. «No-mobile-phone phobia», che sarebbe a dire: «Non c'ho più il telefono». Perché è diventata una fobia? Perché non solo le persone riversano in quell'oggetto tutto ciò che si devono ricordare, hanno demandato a quel coso anche quello che è stato detto e che ha fatto loro piacere. La loro mente ha abdicato e ci hanno lasciato dentro tutte le proprie capacità mnemoniche, conoscitive e di orientamento.

Sì, la potremmo anche definire la nostra scatola nera. Siamo diventati stalker di noi stessi, ci fotografiamo in continuazione, ci raccontiamo in ogni modo, cerchiamo approvazioni. Chissà perché pensiamo che quello che facciamo valga sempre la pena di essere mostrato e che interessi agli altri?

La realtà è che tutti hanno bisogno del proprio palcoscenico. Abbiamo l'auditel della nostra vita: «Quanti like ci sono? 3000? Allora ho un buono share. La mia vita piace!». Sì, la tua vita forse piace. Agli altri. Ma a te, piace? La stai vivendo o la stai interpretando? Essere ha perso, apparire ha vinto.

Like, faccine e scimmiette: il linguaggio stesso si atrofizza. Ormai non si dice più: «Ti amo perché sei la luce della mia vita». No. Si manda un cuoricino.

Quando, da giovane, decidevo di scrivere una lettera a una che mi piaceva, per comporla mi impegnavo a trovare le parole più giuste che esplicassero i miei sentimenti e facessero breccia nel suo cuore. Fosse stato anche solo per sedurla e riuscire ad andarci a letto. La destinataria della missiva, leggendo, avrebbe capito molto della mia personalità, perché la scelta dei vocaboli e dei pensieri sarebbe stata indiscutibilmente soggettiva. Il cuoricino è uguale per tutti. In un certo senso, in questa regressione della scrittura, stiamo tornando alle pitture rupestri.

Spesso, su questi temi, mi ritrovo a discutere con mio figlio Davide, che da adolescente è nel pieno di queste problematiche: lo vedo chattare con le ragazzine, come fanno tutti, mentre vorrei che andasse a parlarci di persona anche rischiando di non conquistarle, instaurando almeno un rapporto vero fatto di rifiuti o di carezze, ma vero. Non può esistere una relazione figlia di "paroline" scritte di nascosto dalla propria camera; bisogna muoversi, fare la fatica di esporsi e di aspettare una risposta. È il sapore della vita!

A questo proposito, ho fatto recentemente una lezione alla Luiss (Libera Università Internazionale degli Studi Sociali) sulla lentezza e ho buttato lì una provocazione: ho provato a immaginare come grandi capolavori composti nel passato sarebbero stati probabilmente scritti oggi. *Pianto antico* sarebbe diventato l'emoticon di un albero, una croce e un uomo con una lacrima; con tutta probabilità Leopardi, invece di concepire un capolavoro come *L'infinito*, si sarebbe limitato a scrivere: «I ♥ Recanati». Purtroppo, si stanno spegnendo la fantasia, la necessità di raccontare e la capacità di farlo. Il che significa che tutto è condannato a restare sempre e solo in superficie, perché ciò che dà profondità alla realtà che ci circonda e a quello che accade è il pensiero che genera l'osservazione e il racconto.

E se questa sembra già una prospettiva terribile, a peggiorare le cose arrivano a informarci che le macchine stanno cominciando a imparare dalla propria esperienza e, dunque, a pensare per noi. Che brave!

Da appassionato di fantascienza, ricordo un racconto – credo degli anni Quaranta se non degli anni Trenta – che uscì su «Urania» (un mensile di fantascienza), se non sbaglio. Mi è rimasto impresso: alcuni scienziati avevano costruito un computer enorme, come si concepivano allora. Si trattava di una specie di monolite grosso quanto una stanza, fatto di valvole, transistor e ammennicoli vari. A questo computer avevano posto la domanda delle domande: «Dio esiste?».

Il computer aveva iniziato a elaborare la richiesta: rumori vari da cervello elettronico... «zzzz»... uscì la risposta: «Capacità di calcolo insufficiente». Insoddisfatti, gli scienziati costruirono un altro computer che collegarono al primo, per cui si ritrovarono due computer che si parlavano, per così dire. Nell'idea dello scrittore c'era già l'elaborazione di quella che sarebbe diventata la rete come la intendiamo oggi!

A ogni modo, anche a questo computer fu posta la stessa domanda e la risposta fu: «Zzzz... capacità di calcolo insufficiente». Gli scienziati non si diedero per vinti e portarono avanti il lavoro, aumentando la tecnologia; i computer si fecero sempre più sofisticati, vennero uniti uno all'altro e divennero una rete di centinaia di migliaia ma, alla domanda preimpostata «Dio esiste?», la risposta era sempre la stessa: «Capacità di calcolo insufficiente». Questa storia proseguì nel corso dei secoli, al punto che ormai i computer diventarono in grado di rigenerare loro stessi, si moltiplicarono l'uno con l'altro riproducendosi per scissione, come fanno le cellule; l'umanità scomparve, mentre questa massa gigantesca di computer continuò a crescere finché, nell'immenso silenzio cosmico, a un certo punto uscì la risposta: «Zzzz... adesso sì».

Questo è solo un racconto, ma non una proiezione così improbabile. Già oggi la politica, l'economia, lo sport, addirittura la letteratura, non funzionano più solamente sulla fantasia degli uomini, ma lavorano sugli algoritmi. L'algoritmo altro non è che una ricetta, così come quella del ragù: procede per punti, analizza e comprende cosa bisogna fare per andare incontro ai gusti dell'utente a cui ci si rivolge. I mercati non fanno prigionieri.

A me questa snaturalizzazione, questa disumanizzazione progressiva a cui stiamo tendendo, appare molto evidente. Sono fermamente convinto che dovremmo tenerci stretta la nostra umanità, accettandone i limiti e convivendoci; e i limiti più grandi sono, come dicevo all'inizio, lo Spazio e il Tempo. La penso così perché mi piace essere umano: mi piace questa vita, adoro ciò che offre e il poterne godere. Mi piace la fatica che richiede, perché il valore delle cose è dato dalla fatica intrapresa per ottenerle o per raggiungerle. Senza fatica, tutto perde di valore. E se tutto perde di valore, credetemi, abbiamo un bel problema. Mangio, dormo, faccio l'amore. Essere altro da questo, tipo un cyborg (è l'unico modo che riesco a concepire, al momento, per valicare i limiti che ho da umano), non so come sarebbe e non credo proprio mi piacerebbe.

Quello che mi inquieta non è ciò che può fare la tecnologia per l'uomo, ma la prospettiva che l'uomo si lasci sedurre talmente tanto dalla tecnologia da smettere di essere umano. Le conseguenze sarebbero tremende: non si avrebbe più empatia, saremmo tutti desensibilizzati e perderemmo il contatto con la realtà, tutto sembrerebbe irreale, come se non si stesse vivendo davvero.

Ho avuto la sfortuna di vedere, recentemente, il video di quello psicopatico che si è recato non ricordo dove e ha cominciato ad ammazzare non so quante persone, munito di una telecamera GoPro posizionata in modo che l'inquadratura sembrasse la stessa del videogioco a cui era solito dedicarsi a casa. Alla fine della carneficina, ha postato le riprese in rete. È sicuramente una follia, io stesso l'ho definito psicopatico, ma non si deve pensare che queste cose possano accadere solo alle menti deboli.

Il punto è questo: mi pare che ci stiano indebolendo le menti. C'è una forma di trasformazione lenta e inesorabile verso la virtualità, una modificazione alla quale la nostra generazione – forse anche quella successiva a noi – potrà ancora porre un argine, ma dopo?

Il problema fondamentale lo esemplifica in una frase il sociologo Guy Debord: «I figli assomigliano sempre più ai loro tempi che ai loro padri». Non se ne esce.

Atletico Gibaud

3 aprile 2017

Cazzo! Gli anni passano ma non riesco a smettere.
Continuo a farmi male ma insisto.
È sempre peggio, ma è bellissimo… sembro un tossico, ma amo lo sport e il suo tunnel mi inghiotte.
L'ho sempre amato.
Ho più perso che vinto, ho più sofferto che gioito, ma la fatica che richiede per praticarlo è mia amica; la passione e le sensazioni che ti regala nel vederlo, la mia droga.
Mi appassiona e mi rilassa, mi esalta e mi delude, mi strazia e mi conforta, mi fa male e mi fa bene.
Dovrei smettere ma poi… c'è sempre la prossima volta.

Il primo ricordo che ho mi vede nella pineta di Fregene. Nonno Carlo in porta tra due pini e io, di 4 o 5 anni, aspetto il passaggio di papà per fare gol. Mamma e nonna Lina intanto preparano il picnic.

Poi, sono sempre con mio padre allo stadio Olimpico nel 1968, per la finale europea di calcio che credo fosse Italia-Jugoslavia. Prima volta per me, e vittoria dell'Europeo. Anche se, a 7 anni, in curva Sud, non è che abbia visto granché, ma l'emozione di tutto quello che era intorno non posso dimenticarla.

Sì, sì, ho sempre amato lo sport e non capisco questo vostro stupore. È una cosa divertente e sana, tra le poche sane che pratico. Certo che sono competitivo. Mi piace competere in maniera sportiva, come mi piace veder competere quando guardo gli altri. Mi piacciono l'impegno, la concentrazione, la dedizione e la pratica che lo sport richiede.

Mi piace la strategia impiegata, che di volta in volta cambia in funzione dell'avversario. Si può dire che sia uno stato mentale.

Confesso che in strada, passeggiando, se vedo un sassolino o una lattina, un pacchetto, un tappo – e a Roma di cose in terra se ne trovano, eh! – ho difficoltà a trattenermi dal calciarlo, immaginando di piazzarlo a fil di palo. Quando non lo faccio, è solo per evitare lo sguardo di commiserazione di mia moglie.

A proposito di fatica, è forse per questo che non amo più di tanto l'automobilismo e la moto: a causa dei caschi non riesco a vedere lo sforzo che di sicuro fanno. Non vedo le espressioni e questo mi toglie la passione.

In un film di Francis Ford Coppola, uno dei più belli della storia del cinema, *Apocalypse Now*, il colonnello Kurtz, interpretato da Marlon Brando, dice che l'orrore e il terrore devono diventare i tuoi amici, altrimenti saranno per sempre i tuoi più terribili nemici. *Mutatis mutandis*, si potrebbe dire la stessa cosa per quel che riguarda la fatica.

All'inizio, percepirla nel proprio corpo che si allena crea disagio, repulsione, forse anche dolore; ma se si riesce a trarre piacere dal sentire la risposta, il guizzo dei muscoli, ecco che la fatica si supera, viene accolta come "un'amica", fa piacere accoglierla. Al termine di un allenamento, malgrado la stanchezza, ci si sente incredibilmente bene. Questo aumenta il desiderio, fa venire voglia di praticare ancora lo sport, di sfidare i propri limiti. Di sfidare la fatica.

Fin da piccolo ho amato lo sport. Forse, la "colpa" è stata di papà: nato a Milano e tifoso dell'Inter, giocava in una squadra con Raimondo Vianello. C'erano tutti gli ingredienti per tentarmi e contagiarmi: Inter, calcio e... be', Raimondo Vianello!

Quando ero ragazzino, non è che ci fossero computer, videogiochi o realtà virtuali... Non c'era niente. Se avevi un pallone, avevi tanto. Mi ricordo che anche in città, a Roma, dopo la scuola, andavo a casa dei miei nonni e sistematicamente scendevo nella via per giocare a calcio con gli altri ragazzini del quartiere. Questo passato "di strada" si vede, te lo porti dietro anche se diventi un giocatore professionista. Una volta a tal proposito fece un'osservazione molto significativa il giornalista Federico Buffa, in uno dei biopic curati da lui: parlava di Johan Cruijff, straordinario giocatore olandese che ha segnato la storia del calcio degli anni Settanta. Notando l'agilità e l'abilità di questo fuoriclasse, evidenziava come cercasse sempre di rimanere in piedi, nonostante gli interventi degli avversari. Ipotizzava che questo accadesse perché da piccolo giocava in strada, circostanza in cui la prima preoccupazione è quella di non cadere per non farti male. «Ce so' i serci!», diremmo a Roma. Mi ricordo bene, quanto ci si sbucciassero le ginocchia!

Il calcio è uno sport di finzione! Si fanno finte per poi approfittare dell'errore dell'avversario e prenderne un vantaggio. È un gioco figlio della menzogna e lo si vede anche nell'atteggiamento finto del cadere, nel subire il fallo, nello spiazzare il portiere.

Resto affascinato ogni volta dalla velocità di pensiero dei giocatori: non c'è tempo per riflettere. È per questo che si fanno gli schemi, a livello professionistico, finché non diventano quasi un movimento automatico. Giocare a calcio significa giocare d'anticipo: anticipare il pensiero, anticipare l'azione... anticipare l'avversario sulla palla. È un bell'esercizio, sia per il fisico sia per la mente.

Una cosa che cerco di trasmettere a mio figlio è la concentrazione, che sia per lo studio, il lavoro, lo sport. Se nel momento in cui ti dedichi a qualcosa, pensi solamente a quello che stai facendo, tutta la zavorra di preoccupazioni che hai viene depurata. La mente è libera e ti consente innanzitutto di godere appieno di quello che stai vivendo, di fare meno fatica e probabilmente di ottenere migliori risultati.

Quando vedo i tennisti professionisti giocare, mi impressiono per quanto portino a livelli incredibili la propria concentrazione, capace di fissarsi su una pallina minuscola, che viaggia a 100 km orari, e mentre la intercettano la devono indirizzare in un punto preciso dall'altra parte della rete con la racchetta. Il tutto per tre, quattro o anche cinque ore.

A me piace giocare a tennis, ma loro praticano un altro sport, rispetto a me!

Mio figlio Stefano è stato chiamato così in omaggio a Stefan Edberg, giocatore svedese, straordinario interprete del tennis, che viveva fondamentalmente di "serve & volley", servizio e discesa a rete: ogni volta che si avvicinava alla palla sembrava un gabbiano che apriva le sue ali.

In tempi recenti, amo Roger Federer: chi non lo ama? Non solo per come gioca ma anche per l'eleganza sia del gesto sportivo sia del comportamento.

Rafa Nadal è un giocatore con caratteristiche invece del tutto diverse: ha una tale forza fisica e una tale capacità di ributtare sempre la pallina dall'altra parte che l'avversario, a un certo punto, per uscire da quella morsa di fatica che gli impone, risponde con un colpo avventato spesso sbagliando.

Sono atleti dalla forza fisica spaventosa e dalla volontà di concentrazione frutto del duro allenamento. Doping? Non so. Ah, sentite questa.

Sono in ottimi rapporti con il professor Pier Francesco Parra, medico di chiara fama che si è sempre occupato di sport; lo chiamano "Doctor Laser", perché cura con quel metodo ottenendo ottimi risultati. Il professor Parra ha seguito grandi tennisti italiani, ma anche atleti come Serena Williams o Nadal stesso, giusto per fare qualche nome.

Una volta ero andato a trovare i miei figli a New York. Si stavano giocando gli Us Open e Pier Francesco era lì con degli atleti. Eravamo d'accordo per incontrarci e passare una giornata a vedere le partite, solo che mi era venuta un'influenza terribile, stavo malissimo ed ero ridotto uno straccio.

«Pier France', ti ringrazio ma non ce la faccio a venire, c'ho una debolezza addosso…» «Ma perché, che t'è successo?» Gli ho spiegato brevemente. «Ce la fai a venire in albergo da me?» Fortunatamente era poco distante e, sì, ce la facevo. «Mettiti un attimo a sedere.» Poi si è fatto portare una boccettina arancione da un suo assistente: era vitamina B concentrata. Ho detto: «Ma io la vitamina B la posso prendere anche per bocca!»; e lui: «Se la ingerisci, ne trattieni solo il 2%. Questa te la metto in vena».

Così mi ha fatto una punturina di vitamina B, che poi è quella che fanno agli atleti. Si tratta di un prodotto sano e naturale, non certo di doping, ma a me è sembrata più una pozione magica, non sentivo più alcun malessere. Al National Tennis Center di Flushing Meadows tutti cercavano l'ombra: solo io, schizzato come una saponetta, me ne stavo tranquillamente al sole senza avvertire alcun fastidio. Ho trascorso la giornata a chiedere: «Che facciamo? Dove andiamo?», finché alle quattro di mattina mia moglie, esausta e anche un po' disperata, mi ha obbligato ad andare a dormire.

Diciamo che, senza nulla togliere all'incredibile preparazione atletica dei professionisti, ho capito quanto possa aiutare la medicina a migliorare le prestazioni. A volte ho sognato di possedere una cartuccera di quelle fialette di vitamina B, da poter prendere quando pratico lo sport e proprio non je la faccio più. L'età avanza.

Oggi gioco in quello che definisco "l'Atletico Gibaud", una singolare squadra di calcio i cui componenti sono dei soggetti che, prima di entrare in campo, hanno bisogno di una preparazione, che non definirei propriamente atletica. C'è chi se leva la gamba de legno, chi se mette l'occhio de vetro... diciamo che "Gibaud" più che una marca è la condizione generale dei membri. Un panorama di declino collettivo che ogni lunedì e giovedì mi accoglie a braccia aperte. Amici.

Declino, sì. È quello che ho pensato quando ho incontrato Juri Chechi: avevamo disputato una partita di beneficenza, qualche anno fa, e l'ho visto mentre si faceva la doccia. Sarà pure alto un barattolo e mezzo, ma sembrava disegnato! Avete presente le lezioni di anatomia del corpo umano? Ecco. Potrebbero tranquillamente chiedere a Juri di fare da modello. Perfetto. Piccolo, ma tutto concentrato. Di marmo. La stessa densità di cui sospetto sia fatto Alberto Tomba: ho avuto il piacere di intervistarlo per i 100 anni del Coni e, nella chiacchierata, mi è venuto di dargli una pacca sulla coscia. Non era una coscia. Era un pezzo delle Tre Cime di Lavaredo.

Di fronte a cotanti esempi di perfezione fisica, uno potrebbe pensare: pure voi dell'Atletico Gibaud, però, perché v'accanite a fare sport, a giocare a pallone? Rispondo per me: il calcio è lo sport che mi somiglia di più. Oltre alla strategia, che è senz'altro la ragione principale del mio interesse, c'è un'altra cosa che mi attira, ovvero il contatto fisico. In generale a me piacciono gli sport di squadra. Lo so che lo dicono tutti, so che sarà banale, ma davvero lo sport ti insegna qualcosa che, se si imparasse da piccoli e si riuscisse a trasferire successivamente nella società civile, consentirebbe a ognuno di noi di vivere meglio. La collaborazione.

In passato ho anche costituito una società sportiva dilettantistica di bambini under 15, AZZURRI 2010 (avventura purtroppo terminata ma condivisa con gioia con il fenomeno fisico ed estetico di mio suocero Massimo, che per me è stato un secondo padre), proprio per tentare di formare dei ragazzini attraverso il gioco di squadra. Se fai parte di un team, comprendi quanto tu possa essere importante per qualcuno e quanto gli altri siano d'aiuto a te; non sarebbe un mondo migliore, se questa lezione la imparassimo bene tutti quanti?

Ah, un'altra cosa. De Coubertin ha detto filosoficamente «l'importante non è vincere, ma partecipare»; però credo che questo riguardi il percorso emotivo dello sport. Prima di scendere in campo, e dopo, è giustissimo pensarla così. Tuttavia c'è un momento di questo percorso, la competizione vera e propria, in cui non posso dirmi: «Vabbe', l'importante è partecipare». Io sto qua e voglio vincere. Altrimenti che ci sto a fare? Affermazione da competitivo? Lo sono! Mi piace giocare per provare a vincere. Ma «la vittoria ha molte facce», come recitava il claim del «Sanremo» che feci nel 2009.

Ricordo infatti, per un promo di quel programma, di aver scelto un'atleta che alle Olimpiadi di Los Angeles 1984 arrivò ultima nella maratona. Strano per un competitivo, no? Eppure quella donna, Gabriela Andersen-Schiess, che arrivò trentasettesima, per me incarna ancora oggi lo spirito dello sport, la vittoria che intendo io, quella della volontà: malgrado avessero già tagliato tutti il traguardo, non una sola persona aveva abbandonato lo stadio, aspettandola. Quando è comparsa alla vista, si è sentito il boato della folla, dieci volte superiore a quello che aveva accolto la vincitrice, perché lei era totalmente disidratata e si muoveva lentamente, passo dopo passo, come disarticolata. Non potevano toccarla né aiutarla, altrimenti avrebbe fatto la fine di Dorando Pietri (che nel 1908 tagliò il traguardo ai Giochi Olimpici di Londra sorretto dai giudici, che lo avevano visto barcollare, e fu squalificato). Però, malgrado non avesse più il controllo del proprio corpo, erano stati eroici i suoi ultimi cento metri pur di arrivare fino in fondo. Ecco. Questo per me è vincere. Entrare nel mito.

Sì, di miti, nello sport, ne ho davvero tanti.

Da ragazzo mi piaceva moltissimo il pugilato. Da guardare, eh. C'era un cubano: Teófilo Stevenson. Era un uomo gigantesco e molto bello, che non aveva un segno in faccia perché non aveva mai preso un cazzotto in vita sua. Dava un solo pugno: se ti prendeva, eri fatto. Ricordo le Olimpiadi di Mosca: Stevenson combatteva contro un polacco, più che un pugile un cubo umano che gli si agitava intorno. Teófilo gli ha sferrato un solo diretto e lo ha preso in pieno: l'avversario ha continuato ad agitarsi e a combattere per dieci secondi, poi all'improvviso s'è frizzato ed è andato giù secco. Diciamo che gli ha tirato un cazzotto a lento rilascio. Incredibile.

E poi c'è lui: Cassius Clay, o Muhammad Ali, come si è chiamato più tardi. Elegante, intelligente, fisico pazzesco, grande uomo politico, ha vissuto tempi burrascosi, ha visto la sua carriera pugilistica andare in fumo per essersi rifiutato di partire per il Vietnam... Ho ancora negli occhi il meraviglioso incontro di Kinshasa del 1974, quando combatté contro Foreman: che intelligenza tecnico-tattica! Foreman era grosso e forte e Ali sapeva che da un faccia a faccia ne sarebbe uscito massacrato. Per la maggior parte dell'incontro restò chiuso all'angolo, a lasciar sfogare questo gigante, che picchiava come un fabbro; poi all'improvviso, quando l'ha visto stanco, è volato come una farfalla e ha punto come un'ape. E l'ha sdraiato. «Ali, Bumaye!» (Ali, uccidilo!).

Amo le Olimpiadi. Sono il rito di generazioni di ragazzi belli e sani che hanno accettato la fatica, lo sforzo fisico, la volontà di superare se stessi e gli altri, in un melting pot di etnie, sotto un'unica bandiera. È uno spettacolo bellissimo che, pur mettendo gli uni contro gli altri, rende tutti uguali.

Lo sport è una "livella": pulisce, scrosta l'arroganza, perché richiede fatica, e perché ha un tempo limitato di successo.

Ho provato un po' tutti gli sport, sebbene con diversi risultati. Ho giocato a basket perché lo praticava mio figlio grande, ma sono sempre stato un disastro: con la palla non riuscivo a prendere nemmeno il tabellone dove c'è il canestro, figuriamoci centrare quel cerchietto di ferro appena più largo del pallone! Mi piace molto il volley e mi riesce discretamente. Gioco anche a bocce, ma solo a una condizione: che sia sulla sabbia. Sono pressoché invincibile.

Uno sport che mi sarebbe piaciuto praticare è il surf ma, malgrado abbia avuto un sacco di amici che facevano gli istruttori di windsurf e che hanno provato a insegnarmi, sarò salito sulla tavola almeno cinquecento volte senza fare nemmeno un metro. Mai. Anche quando sembra che sia in posizione, in piedi con la barra della vela tra le mani – e già arrivarci è un'impresa non da poco – segue una fase di stallo e cado in acqua. Mi sono fatto pena da solo e mi sono detto basta. Il massimo del surf che ho praticato è stato appoggiato con la pancia alla tavola fino alla spiaggia. Una tristezza. Quando ho visto mio figlio grande fare surf a Maui, solo a guardarlo ho avuto una paura incredibile: l'onda più piccola era di quattro metri e lui entrava in quei tunnel verdi, sovrastato da una montagna d'acqua, volando su un fondale corallino che si sarebbe trasformato in un tritacarne se ci fosse caduto. Una parte di me si diceva che mio figlio e tutti quelli come lui erano dei pazzi, ma l'altra parte, quella più incosciente e avventurosa, pensava dovesse essere una sensazione incredibile. Mi sono tornati in mente film come *Point Break*, o *Fading West*, o *Un mercoledì da leoni*.

Uno sport che non sono mai riuscito ad apprezzare è il ciclismo. Non riesco a praticarlo, ma non per cattiveria;

è che mi fa male al posteriore! Al massimo, faccio dei giri in montagna sulle Dolomiti con la pedalata assistita: è una faticata pure quella ma regala belle esperienze. Quando vivo la bicicletta a livello escursionistico, mi piace. E posso immaginare quali fatiche debbano sopportare quelli che praticano il ciclismo professionistico, con tappe di 180, 250 chilometri a botta. Li ammiro, ma devo ammettere che mi annoia molto guardarli, forse per la lunghezza dei percorsi, non arrivano mai, mentre mio padre era un grande appassionato di ciclismo. Ma del resto, dopo aver visto un paio di partite, non reggo più neanche il tennis, che pure mi appassiona.

Il calcio resta, in ogni caso, il gioco che mi coinvolge maggiormente. Ogni tanto vado allo stadio con Davide. Anche se lui vorrebbe andarci molto di più ma insomma, io c'ho da lavora' e ho anche altri figli. Certo, allo stadio è tutta un'altra dimensione. C'è una condivisione con gli altri, il commento, si sta all'aperto e, soprattutto, il gioco lo si può vedere nella sua interezza e non nella parzialità che viene raccontata dall'inquadratura televisiva. In tv non ci rendiamo conto di quanto siano operativi anche gli altri giocatori che si preparano o che accompagnano ciò che sta per accadere! Credo sia lo sport con il maggior numero di variabili possibili. Imprevedibile.

Il calcio mostra anche le peculiarità regionali: ricordo un episodio che fece storia, in occasione di un Verona-Napoli. La rivalità tra Nord e Sud si era tradotta in una serie di striscioni, francamente molto brutti, esposti allo stadio Bentegodi di Verona; erano cose tipo «Vesuvio pensaci tu», «Morite terroni» e altri "slogan" molto offensivi. I napoletani, com'è logico, si risentirono e, per protesta, alla partita di ritorno a Napoli per la prima volta nella storia della loro tifoseria, credo, non misero alcuno striscione. All'inizio del secondo tempo, però, in tutto lo stadio spoglio esposero un unico, enorme striscione: «Giulietta è 'na zoccola». Basta così. Era quello che avevano da dire. L'ho trovato geniale.

A Roma una cosa che mi fa molto ridere riguarda la tifoseria della curva Nord della Lazio: ogni volta che c'è una sostituzione nella squadra avversaria, tipo «L'Inter sostituisce il numero 7 Politano con il numero 14 Giampaoletti», parte un coro di trentamila persone che si alza: «E 'sti cazzi».

Ci sono anche momenti "toccanti": non fa venire la pelle d'oca sentire *Grazie Roma* cantato dall'intera curva Sud? E la curva del Liverpool (KOP), che intona *You'll Never Walk Alone*? Anche da avversario regala un'emozione che ti prende allo stomaco, che non si può spiegare ma che ti fa percepire la gioia di trentamila voci che si uniscono in un solo coro.

Una volta, però, la mia passione per il calcio mi ha messo in una situazione terribile, la peggiore della mia vita riguardo allo sport. Sono tifoso dell'Inter e ho dovuto, mio malgrado, imparare a gestire l'ansia: tra gioie, ce ne sono state diverse, e dolori inimmaginabili, dopo trentacinque anni che aspetti, finalmente sembra arrivare il giorno in cui il sogno diventa realtà. Era il 2010. Stavo registrando «Ciao Darwin»* e si giocava la semifinale di Champions League Barcellona-Inter al Camp Nou. Allenatore: José Mourinho. Formazione: Júlio César, Maicon, Samuel, Lúcio, Chivu, Zanetti, Thiago Motta, Cambiasso, Sneijder, Milito, Eto'o. All'andata, l'Inter aveva vinto 3 a 1 a San Siro, quindi sarebbe bastato un 2 a 0 per essere eliminati.

Ho fermato la registrazione del programma per vedere la partita; perdiamo 1 a 0, con gol annullato all'ultimo secondo al Barcellona. Eravamo in finale di Champions! Saremmo andati a Madrid a giocare contro il Bayern Monaco! Mentre tornavo in studio, mi telefonò Massimo Moratti, il presidente dell'Inter: «Paolo, vieni con me a Madrid, porta anche tua moglie!». Io: «Ma è matematico, già sto là».

La notte seguente, alle due e mezzo, squilla il telefono. «Ciao papà» era Martina, mia figlia. «Papà, ho una notizia bella.» «Cosa, amore? Dimmi!» «Mi sono laureata.» «Brava, grande.» E lei: «Vieni alla mia festa di laurea?» «Ma che non vengo? È matematico che vengo! Quand'è?»

* Varietà e gioco a premi andato in onda su Canale 5 in otto edizioni: dal 1998 al 2000 e poi nel 2003, 2007, 2016 e 2019. La gara consiste in prove di abilità, intelligenza e cultura generale con l'intento di riprodurre, con risultati ridicoli, il meccanismo di selezione naturale teorizzato da Charles Darwin. Per ogni prova viene dato un punteggio dal pubblico in sala composto da 200 persone e il programma vede la partecipazione di Madre Natura, una ragazza molto bella che fa girare un mappamondo per sorteggiare a caso i concorrenti.

Quand'era?

Il giorno della finale di Champions League.

Ho cominciato un lavoro di ricerca di qualunque possibilità di incroci di aerei che potessero portarmi a Madrid e poi da lei, nel Vermont, Stato confinante con il Canada; mi sarei fatto anche paracadutare, se fosse stato necessario. Niente. C'era proprio concomitanza di orari: il giorno in cui le consegnavano il diploma di laurea era lo stesso in cui, con diverso fuso orario, si sarebbe giocata la finale di Champions.

Arrivato in America, ho chiesto in albergo dove avrei potuto vedere la finale, ma nel Vermont non sanno nemmeno cosa sia la Champions. Alla mia domanda mi guardavano come avessi detto: «Scusi, ha visto un minollo in giro?». Un tassista infine mi ha indicato un bar dove mandavano in onda la finale; ho calcolato che sarebbe finita mezz'ora prima della cerimonia di Martina. «Portamici subito!»

Era un bar di tedeschi.

Qualcuno portava la maglia del Bayern, qualcun altro quella della Nazionale tedesca. Sembravo Nino Manfredi in *Pane e cioccolata*. Solo, dietro un muro di nazi.

Mi sono seduto un po' defilato. Al cameriere ho ordinato una cosa qualsiasi, ma non ci ho badato troppo. È tornato con tre würstel bianchi che non vedevo dai tempi di John Holmes, tre breccole sui 35-40 centimetri, accompagnati da una montagna di crauti e un litro e mezzo di birra. Per la tensione della partita ho mangiato tutto in cinque minuti e nel giro di poco i tumulti nel mio stomaco somigliavano a quelli del vulcano Stromboli…

Alla fine del primo tempo, segna Milito. Nel gelo tedesco, si è sentito il mio urlo: «Gooooool!». A quel punto si sono girati tutti verso di me e ho pensato: "Eccolo là. Dopo quello che ho mangiato non riesco neanche a scappare. Sono fottuto". Invece, con mia somma sorpresa, sono stati molto gentili. Al secondo gol mi hanno permesso anche di gioire ulteriormente! Alla fine, ho salutato tutti e me ne sono andato da mia figlia, della cui laurea ero estremamente orgoglioso. Intanto, arrivavano sul mio cellulare le foto di quei figli di buona donna dei miei amici che erano a Madrid, in campo, e si facevano immortalare con la Coppa dei Campioni. Esperienza terribile.

Rivincita: ho partecipato alla partita d'addio al calcio di un interista DOC come lo "Zio" Beppe Bergomi. In campo. A San Siro! A dirla tutta, lui mi aveva chiesto di andare a commentarla, ma quando mi ha detto che avrebbe giocato l'Inter del passato con l'Inter attuale (di allora, 1999), gli ho risposto: «Io vengo sì, ma per giocare! Come faccio a perdermi un'occasione del genere?». Devo ammettere che lo Zio era un tantinello esitante: «Ma sono tutti professionisti… dove vai tu?». Gli risposi: «Non te preoccupa'». Non ho toccato palla. Ma che me ne fregava? Ero piombato improvvisamente in un album di figurine Panini! Le avevo tutte intorno a me, in carne e ossa! (Vi ricordate *Pier Lambicchi e l'arcivernice*? No, eh... Vabbe'). Comunque, ero felice come un bambino.

C'era anche Ronaldo, quella sera, che veniva placcato da quelli della vecchia guardia e messo continuamente a terra. Una botta da Ferri, una da Berti... che gli dicevano: «Gioca, eh! Vedi come eravamo duri, noi?». E "Ronie", nel suo "bras-italiano": «Ma dai, è una partiti di beneficenzi, io devi giocare domeniga, me fate mali gusì...». Ma quelli niente. A un certo punto, gli arriva una randellata da parte di Nicola Berti. L'arbitro fischia punizione. Finalmente prendo il pallone – con le mani, il gioco era fermo, ma almeno riesco a toccare la palla! –, lo metto per terra e Ronaldo, evidentemente stufo, mi fa: «Paolo, passame 'o pallone».

Ho dato un impercettibile colpetto alla sfera con il piede... ha fatto un timido "tic"... Ronie si è impossessato del pallone, ha saltato sei o sette giocatori, ha saltato persino il portiere, l'ha messa in rete e, non contento, è andato da Berti: gli ha dato due schiaffetti sulla guancia e: «Io me vado a fa' la doscia, tu gioca». Se fosse stato romano, sarebbe suonata più o meno così: «Ah bello, si nun te vojo fa' tocca' il pallone, nun lo vedi manco si' te lo compri».

Un vero fenomeno. E non lo dico solo perché sono dell'Inter. Apprezzo tutte le squadre di calcio e tutti i grandi campioni. Sono democratico, ci mancherebbe. Entrambi i miei figli maschi sono tifosi dell'Inter, ma non è che l'ho preteso. È che guardiamo le partite insieme, è venuto naturale. Anzi, lo dico sempre: meno male che ci sono le altre squadre, gli avversari. Sennò che fai, giochi da solo? Loro potevano scegliere con chi schierarsi, che scherziamo? Ma se a casa vogliono mangiare...

P.S.: E Michael Jordan dove lo mettiamo?

Special Olympics
e il loro sorriso

12 giugno 2018

Ho visto solo sorrisi.

Si poteva respirare la felicità: era come se la gioia avesse una sua sostanza che potevi tenere tra le mani e, magari, spalmartela sul viso.

Non un'ipocrisia. Non un passo fuori luogo.

I gesti generosi erano normali e la mutua disponibilità affluiva spontanea, senza ragionamenti o moralità che la precedessero. È stato tutto così bello che, alla fine, eravamo spossati.

Ma allora è possibile!

Mai vista tanta armonia, tanta assonanza pervadere così tante persone contemporaneamente.

Come uomo e come padre, ho vissuto due giorni che non potrò dimenticare, e non dovrò dimenticare. È vero che Silvia ha vinto una medaglia d'oro e una d'argento, ma *il respiro delle Special Olympics è una droga euforizzante che nessuna filosofia o religione ti può offrire. È ciò che potremmo essere ma non sappiamo. Pensiamo di essere più fortunati di loro, ma non sappiamo mai quale strada prendere.*

Loro lo sanno: la felicità. Abbiamo tutto per trovarla e ci sfugge di continuo. Crediamo che abbiano meno, e invece la tengono sempre stretta tra le mani. Basterebbe seguirli, viverli e copiarli.

Conoscono la strada e credo siano qui per indicarcela.

Mia figlia Silvia è nata il 23 dicembre 2002 con una grave patologia che ha richiesto diversi interventi per poter essere sistemata. Durante uno di questi, la piccola ha subìto una ipossia, ovvero una carenza di ossigeno, che purtroppo ha compromesso parte delle sue capacità motorie e cerebrali. È stato un duro colpo da affrontare: qualcosa che nessun genitore è mai pronto a fronteggiare.

Sono stati giorni molto difficili, eppure nella mia memoria si è scolpito un momento ben preciso, che mi porterò dentro per sempre e che mi riempì di speranza. Ero in terapia intensiva, accanto a Silvia di circa venti giorni, che si trovava nella sua culla, intubata. Guardavo mia figlia negli occhi e, mentre ci fissavamo con intensità, mi sono reso conto che in lei c'era una luce rivelatrice di un'estrema consapevolezza; se mi spostavo, quegli occhioni chiari mi seguivano, svegli, presenti, molto coscienti, a dispetto dei risultati delle varie tac e risonanze magnetiche.

Mi avvicinai a Sonia e le dissi: «Amore, guarda che la bambina c'è. È presente a se stessa, in tutto e per tutto. Credimi. Lo so».

A distanza di diciassette anni, Silvia c'è eccome! È una ispirazione quotidiana per tutti noi, in casa; getta felicità ed entusiasmo "a spruzzo" in ogni cosa che fa, è sveglia, cresce e ora, agli esami di terza media, si è «diplomata con dieci decimi».

In linea con la tradizione di famiglia, ama lo sport e ha voluto partecipare alle Special Olympics:* così l'ho accompagnata a Montecatini Terme e mi sono ritrovato in quel turbinio di emozioni che ho tentato di descrivere poco sopra.

Qualcuno potrebbe pensare che ritrovarsi in un luogo pieno di ragazzi con problemi di vario tipo, chi cromosomici, chi di mobilità, chi neurologici, possa rattristare e far passare l'entusiasmo e lo spirito con cui ci si avvicina allo slancio agonistico. Niente di più sbagliato. Ho incontrato soltanto ragazzini pieni di una voglia di fare che, nei "presunti sani", difficilmente ho scorto.

Per non parlare dei genitori! Siamo abituati a adulti che, pur di sostenere i propri figli, assumono comportamenti poco edificanti e danno il peggio di sé, arrivando a

---

* I Giochi Olimpici Speciali, organizzati ogni quattro anni dall'associazione sportiva internazionale Special Olympics Inc.

ingaggiare risse gli uni contro gli altri. Lì non ho trovato nulla di tutto questo; davanti ai miei occhi, un'unica armonia e tanta cooperazione. Non uno sbuffo, nessuno che si scocciasse di dover fare qualche sacrificio.

Tutto ciò mi ha fatto riflettere: vedi Paolo? Se si vuole, si può vivere anche così!

Ho cercato anche una spiegazione razionale a questa accettazione di un certo stile di vita. Mi sono detto che noi abbiamo a disposizione milioni di opportunità per raggiungere ciò che tutti cercano: potremmo chiamarla felicità, o anche solo benessere, o serenità. E forse tutte queste possibilità intellettuali, fisiche e motorie finiscono per essere un po' troppe; non è mai semplice optare per una strada piuttosto che per un'altra, specialmente perché sovente, invece di essere contenti della decisione presa, ci si preoccupa delle altre opportunità a cui si è dovuto rinunciare. E se fossero state quelle più giuste? Il dubbio ci assale e finisce che non riusciamo a goderci un bel niente della vita, né il percorso intrapreso, né il traguardo.

Questi ragazzi, invece, hanno pochissime traiettorie a loro disposizione, devono percorrerle per forza e ne sono felicissimi; in un certo senso, è come se avessero una scorciatoia per arrivare a meta. Non conoscono rimpianti, perché non ne possono avere; ma sanno ottimizzare le poche frecce che hanno nella faretra per centrare sistematicamente il bersaglio.

Non credo nemmeno che sia importante sapere se quel

che fanno lo realizzano in modo più o meno cosciente: è difficile entrare nella mente di bambini e ragazzi che utilizzano un alfabeto diverso dal nostro, che decodificano un altro linguaggio.

Però, indipendentemente dalla nostra ansia di razionalizzare e capire sempre tutto, è il risultato quello che conta. E il loro è un sorriso costante. Può accadere che alcuni, i più afflitti da certe patologie, magari non riescano a sorridere con la bocca, ma basta accarezzarli o parlarci per avvertire la loro corresponsione e percepirne la felicità. Non so spiegarlo: non sono effettivamente in grado di esprimerlo a parole o con gesti espliciti, eppure si capisce perfettamente che sono contenti.

C'è un'altra cosa che ogni volta mi emoziona, quando li vedo: per loro anche un gesto d'affetto, una carezza, un'attenzione possono scatenare un'esplosione di felicità. Questi ragazzi riescono ad apprezzare la realtà molto più di quanto non accada a noi e danno un valore profondo, importante, ad azioni a cui non facciamo più caso, che avvertiamo come indifferenti o, peggio, quasi dovute.

È umano che l'abitudine riduca in maniera esponenziale lo stupore, me ne rendo conto. Tuttavia, per i ragazzi di Special Olympics, il discorso è un po' diverso e non sono sicuro di essere in grado di spiegarlo perché non credo di averlo compreso fino in fondo. A dirla tutta, non mi interessa neanche capire appieno il meccanismo che li porta a quel risultato finale che è il loro entusiasmo incredibile, alla gioia che riempie il cuore anche a chi sta loro vicino. Chi se ne frega di decifrarlo.

Mi basta sapere che questi ragazzi meravigliosi riescono a sintetizzare ciò che li circonda con una velocità che trasforma tutto chimicamente in un momento di euforia.

Alle Special Olympics, per molti di loro alcune gare erano tremendamente impegnative. Silvia, per esempio, ha vinto la medaglia d'oro nei 10 metri piani assistiti anche perché l'altra concorrente non è partita; quando hanno sparato con la pistola per dare lo start, la ragazzina s'è messa paura. Mia figlia invece ha "piottato", come si dice a Roma, ha corso come una scheggia e ha vinto.

Ora, la ragazza che ha perso era del tutto incurante della sconfitta: a fine gara abbracciava Silvia perché aveva una medaglia al collo. Le due si guardavano ed esultavano… annusavano insieme la gioia, l'entusiasmo come cani da tartufo. Avevano subodorato la felicità, e ci si sono tuffate dentro, l'hanno ingoiata, arraffata a piene mani.

Dirò di più: tutto questo è contagioso! A Montecatini c'era tantissima gente, dai genitori degli atleti disabili ai volontari accorsi per aiutare: tutte persone che avevano deciso di sobbarcarsi a una certa fatica, ovvero la gestione di ragazzi con gravi patologie. Eppure, erano tutti felici, ma felici per davvero! Io non ho visto nessuno lamentarsi né sbuffare. Lì, sugli spalti, con quei ragazzi, si guarisce: la loro gioia è infettiva! Io sospetto che questi giovani siano maestri di vita.

Mi rendo conto che sto cercando di fare un esercizio difficilissimo, con le parole, per provare a decrittare una sensazione sottile e unica, ma in realtà sto parlando di un'alchimia elementare che però dà un risultato incredibile.

Per uno come me, che ha sempre amato le Olimpiadi, scoprire le Special Olympics è stata una specie di epifania. Si tratta di qualcosa di più, di un livello ancora superiore perché, oltre allo sport, c'è una dimensione di traguardo raggiunto che va al di là di qualsiasi medaglia che si possa conferire. Vedere una persona, che noi consideriamo disperatamente afflitta da ciò che le è occorso, gareggiare con quell'entusiasmo, è una lezione di vita pazzesca. Solo per questo le Special Olympics dovrebbero avere il doppio del pubblico rispetto a quello delle Olimpiadi, perché sono medicamentose per le nostre illusioni.

Io proporrei di vendere dei dvd delle Special Olympics in farmacia per combattere la depressione: sfido chiunque a non trovare la forza di reagire, osservando il coraggio di persone che avrebbero tutte le ragioni del pianeta per arrendersi eppure gareggiano, mettono alla prova i propri limiti fisici ed esplodono di entusiasmo.

Devo aggiungere che, in quel contesto, non ho visto mai, da parte di nessuno, alcun segno di pietà nei confronti di questi ragazzi. Tutti li trattavano alla pari. Giusto!

In generale, però, questo non è scontato. A me viene facile, perché sono fatto così. Nella squadra di mia figlia, c'era un ragazzetto che ogni tanto mi si avvicinava e mi diceva: «Paolo, Paolo, Paolo». Poi, appena io mi giravo ed esclamavo: «Eh?», lui rispondeva furbetto: «Forza Roma!» e scappava. Dopo un po' ritornava: «Paolo, Paolo, Paolo». «Eh?» «Forza Roma!», e scappava ancora. Allora, una volta, l'ho preso in giro io! Si è avvicinato: «Paolo, Paolo, Paolo!». E io: «Forza Roma!» prendendolo in contropiede. Si è messo a ridere ed è scappato. Così ci siamo divertiti tutti e due e lui si è sentito trattato come gli altri ed era felice per questo.

A dirla tutta, io considero questi ragazzi veramente liberi e realmente capaci di essere se stessi. Siamo noi quelli condizionati dai conformismi indotti, dagli atteggiamenti previsti dalla nostra cultura, dalle sovrastrutture che ci vincolano. Loro, affrancati invece proprio dalle patologie, possono esprimersi come meglio credono ed essere ciò che sono al netto della religione, della morale, dell'etica. Comprendo molto bene che la convivenza sociale preveda per noi dei limiti, ma dovremmo proteggere il più possibile la libertà di esprimere la nostra personalità: invece siamo terrorizzati dal giudizio altrui. In questi ragazzi non ravviso lo stesso timore perché non hanno alcun giudizio che li precede e questo li rende meravigliosamente liberi.

E vorrei far notare che, malgrado questa libertà, non sono capaci di fare del male. Come del resto accade nel mondo animale. Il male è figlio delle nostre sovrastrutture etiche, che ci soffocano e spesso ci portano a commetterlo per reazione.

Gli uomini e i ragazzi che si trovano in questa condizione istintuale, di sicuro non fanno il male. Non ne sono capaci. Li ho osservati molto bene ed è incredibile come sappiano ascoltarsi tra loro e rispettarsi, muoversi con circospezione ed essere delicati.

Silvia, ad esempio, ha un problema al braccio sinistro: per una distonia, se viene toccato, le provoca spasmi in tutto il corpo. Non è una cosa che diciamo a tutti, tranne che agli assistenti. Ebbene, in quei due giorni di Montecatini, io l'ho osservata molto attentamente. È stata circondata da moltissime persone, erano ragazzi disabili che formavano varie squadre provenienti da tutta Italia. Le si saranno avvicinati centinaia di ragazzini, chi con un problema, chi con un altro. Non riuscivo a credere ai miei occhi: non ce n'è stato uno che, nella sua inconsapevolezza, l'abbia presa mai per il braccio sinistro. Loro lo sanno. Sentono quello che noi non siamo più capaci di sentire.

Allo stesso modo, riescono ad accogliere la felicità. Perché non si tratta di un sentimento che sta fuori di noi; non ha senso andare a cercarla, se dentro non abbiamo un'urna pronta per accoglierla.

E non c'è niente da fare. La loro urna è aperta, colorata, ampia: si lasciano circondare dalla gioia, le mostrano la strada per raggiungere il loro cuore, sanno dove farla attecchire e, se ti fermi a guardarli negli occhi, ti lasciano intravvedere i germogli che fioriscono dentro di loro, portando la primavera nella tua vita.

Il sottile fascino
della decomposizione delle carni

8 novembre 2014

Mi guardo allo specchio e tutto sommato mi piaccio.
Ma mi piacevo pure trent'anni fa.
Insomma, mi piacevo nel senso che questo c'era e questo c'è. Certo, negli anni ho accumulato degli acciacchi: un braccio mezzo bloccato, un ginocchio rotto, sono presbite e astigmatico, ho i capelli bianchi, mi fanno male le articolazioni… ma questo fa parte del sottile fascino della decomposizione delle carni!
Comunque, alla fine dei conti ho fatto tantissime cose, ho avuto molte esperienze, ho avuto cinque figli e li ho aiutati a crescere. Ho amato e sono stato amato…
Insomma, aspetto sereno che la giostra si fermi, tanto dopo un po' capisci che gira solo su se stessa.

Paura di invecchiare? Ma no, che me frega? Anche perché, se non invecchiassi, l'alternativa è ben nota… Preferisco essere testimone degli anni che passano. In fondo non è così male. Lo vedo su mia madre: 87 anni, devo ammettere ben portati; estremamente lucida ed estremamente viva, tanto che quando si accorge delle rinunce che la vecchiaia le impone, di solito ci ride.

Lei è come me: cerca di guardare all'esistenza in modo leggero, con l'animo lieve, senza drammi, malgrado le preclusioni che l'età le impone. Di sicuro, una grande privazione per lei è stata il non poter viaggiare più o, quanto meno, farlo con minor frequenza. Ha sempre adorato esplorare luoghi lontani e mi ha trasmesso questa sua curiosità nei confronti delle altre culture, quindi comprendo bene il suo rammarico.

Un altro "regalino" dell'età è il calo della vista. Ma questo non è sempre necessariamente un elemento negativo, anzi. Di recente, le hanno tolto una cataratta; quando ha potuto guardarsi nitidamente allo specchio, se la voleva far rimettere. Da donna bellissima che era quando era giovane, si è vista come una Timberland usata.

Invecchiando, si sa, il nostro corpo perde acqua ed elasticità, piano piano ci raggrinziamo, viene meno l'appetito, diminuisce la potenza sessuale, sparisce il desiderio, siamo sempre meno liberi perché compaiono fragilità che vanno assecondate.

Pian piano, queste fragilità le noto anche su di me: lo sport mi è sempre piaciuto tanto, ma lo devo praticare in una maniera molto più ridotta. Adesso si innesca una specie di sfida col mio corpo e col tempo che passa: mi accanisco a fare sport e mi diverto a vedere dove riesco ad arrivare nonostante questa lenta decomposizione delle carni.

A calcio, ho sempre giocato nel ruolo del mediano: è un po' il furiere, quello che si fa carico di tutti gli altri. È colui che va a tamponare dove uno non ce la fa, o che assiste quello che ce la sta facendo per aiutarlo a concludere. È anche quello che si fa più chilometri perché si sposta ovunque. Giocare come mediano mi ha sempre dato grande soddisfazione anche grazie alla fortuna di avere un organismo particolare, che si affatica meno degli altri: a dispetto della generalità brucio il 25% in meno di ossigeno nello sforzo fisico. Almeno, questo succedeva PRIMA e non sentivo la fatica. Mo avoja se la sento. E sento pure i dolori! Quindi, con tutte le "afflizioni" che mi porto appresso, quando gioco una partita che va a buon fine, sono contento e soddisfatto come se avessi giocato ai livelli di una volta, quando non c'erano acciacchi e i risultati probabilmente erano più lusinghieri. Quello che voglio dire è che, con le armi che mi sono rimaste a disposizione, sono contento di constatare che ancora ce la faccio.

Certo, sebbene il corpo sia tutto sommato sano, non è immune dai segni del tempo. Specialmente da quelli esteriori. Il mio volto è solcato dalle tanto temute rughe. Niente di strano, fanno parte del processo di invecchiamento e le accetto, non c'è problema. Quando vedo il mio faccione sullo schermo, quei solchi non mi infastidiscono, anzi non dedico loro neanche un pensiero fugace. Non sono vanitoso. Non sono tipo da creme e trattamenti vari: non mi vedo con pappette verdi in faccia e cetrioli sugli occhi; rispetto chi si sottopone a quegli intrugli, ma mi sentirei piuttosto ridicolo a metterli. Cacchio, un Arcimboldo!

Così come i trattamenti estetici non sono una mia preoccupazione, non lo è stata neanche mai lontanamente la moda. Quando esco con mia moglie la sera, è capitato diverse volte che davanti all'ascensore Sonia mi squadri dalla testa ai piedi e mi chieda: «Da che ti sei vestito?». È una domanda molto maligna. C'è chi si veste casual, e chi si veste "a casual". Ecco, io appartengo a quest'ultima categoria, senza dubbio.

È che, per quanto mi sforzi, non capirò mai il senso

della "moda". «Quest'anno, il must per la donna moderna e sicura di sé è il cappotto blu oltremare.» Ma perché? Che vuol dire? Chi l'ha deciso? Mia moglie ci tiene tantissimo, è attenta agli abbinamenti, alle fogge, alle marche, ma non è mai riuscita a spiegarmi (o io a capire) il senso di questa febbrile rincorsa dello stile. A quanto sembra, anche mia figlia Adele, la più piccola, ha lo stesso mio atteggiamento di fronte ai vari brand modaioli. Brava, bella de papà. Non lasciarmi da solo, sostienimi!

Scherzi a parte, la mia immagine è sempre stata secondaria ai miei occhi. Se la gente ha guardato in tutti questi anni quello che ho fatto, credo sia stato per ciò che raccontavo, per come lo raccontavo e non di certo perché ero più o meno bello, meglio o peggio vestito.

Tendo a privilegiare il contenuto rispetto alla confezione. Per me la bellezza ha un valore molto relativo se non viene accompagnata dal fascino. Le mie trasmissioni pullulano di donne molto belle, come le Madri Natura di «Ciao Darwin». Devo dire che tutte erano oggettivamente bellissime, però solo alcune mi hanno colpito per il portamento: avevano un modo di mostrare loro stesse che le rendeva... non belle, non è la parola esatta. Più belle di belle. La bellezza è un dato oggettivo, il fascino nasce dalla personalità che è il modo in cui inconsapevolmente ci proponiamo agli altri.

Vale sia per le donne sia per gli uomini. Mi sono accorto anche del fascino maschile, quando mi è successo di incontrarlo. Ricordo che mi trovavo a Los Angeles:

era la mia prima volta alla notte degli Oscar, inizio anni Novanta. Ero sul *red carpet* ad attendere gli attori che passavano, per rivolgere loro le domande di rito. Quando si avvicinò Richard Gere rimasi davvero colpito. Aveva una consapevolezza di sé, una compostezza, un'eleganza: l'ho trovato bellissimo. Gere emanava un carisma che non ho riscontrato nei suoi colleghi.

Certo, lo so anch'io che sarebbe difficile scovare del fascino in Bombolo: un po' di materia prima temo sia indispensabile. Però, al di là di tutto, credo che ciò che ci attira di qualcuno non sia l'impeccabilità. È l'indifferenza serena con cui indossa la propria l'imperfezione. Questo ci attrae.

Se una persona ci piace – non necessariamente in senso amoroso –, probabilmente ci innamoriamo della sua peculiarità. Insomma, a parte il fascino, che non è detto si riesca a esternare sempre e comunque, né che tutti lo possiedano di default, c'è qualcosa che di sicuro non ci manca. Indistintamente a ognuno di noi. Sono i nostri difetti, le nostre imperfezioni. Possono renderci insopportabili – o anche non avvenenti –, ma anche identificarci agli occhi di altri. Ci fanno diventare dei pezzi unici.

Oltretutto, che senso ha preoccuparsi delle imperfezioni? Tanto sei quello che sei. Fattele piacere, ti sei tolto il pensiero e le hai trasformate in valore. Il problema è interiore, non esteriore.

Sono piuttosto diffidente di fronte a quelli che vogliono essere belli per forza e che "si industriano" un po' troppo. Ne sento la scarsa genuinità, avverto che tutto quell'addobbo è un nascondiglio di insicurezze, è un "barbatrucco", e non mi piace.

La cosiddetta bellezza, se c'è, è tale solo se la si indossa con indifferenza. Ho avuto la fortuna di incrociare persone quasi inconsapevoli di essere avvenenti, che portavano questa loro grazia come fosse un normale paio di scarpe.

Io? No, non sono bello. Sono quello che sono, non mi dispiaccio, né mi sono mai lamentato. Questo c'è! Lagnandomene, le cose non cambierebbero.

Questo approccio nei confronti non solo del mio aspetto ma, più in generale, verso la vita è frutto di qualcosa che accadde quando avevo circa 15 anni. Mi capitò un infortunio grave durante una partita di calcio.

Mi spaccai il ginocchio e stetti all'ospedale per parecchio tempo perché (suppongo) l'intervento fu fatto da uno che probabilmente come primo lavoro si occupava di collezionare francobolli... Fatto sta che mi dovettero mettere due volte una doppia ingessatura. E che ancora oggi ho la gamba destra tutta storta e cammino male.

Ero disperato. Piangevo nel letto dell'ospedale, ero inconsolabile. Vedevo il mio sogno di diventare un calciatore allontanarsi sempre più. Papà veniva a trovarmi quotidianamente e con pazienza stava in silenzio finché, dopo un paio di giorni, è sbottato: «Mo' m'hai rotto er cazzo. Stai sempre a piagne'. Ma dimmi una cosa: a forza de piagne', il ginocchio ti guarisce?». Fui costretto ad ammettere di no. «Ecco. Quindi stai a fa' du' fatiche: il ginocchio non te guarisce e te s'ammala pure l'anima. Ormai s'è rotto. Se guarirà, guarirà. Se non guarirà, va' a fanculo anche al ginocchio.»

Diciamo che mio padre non era un montessoriano però, nel suo andare dritto al problema, senza tanti giri di parole, aveva centrato il punto.

Sarà pur vero che sulle navi genovesi c'era il diritto di mugugno, ma il continuo lamentarsi non serve. In quell'occasione papà mi aveva fatto comprendere che seguitare a guardare ciò che ti è stato tolto sarà pure umano, ma bisogna imparare a gestirlo nei tempi e nei limiti dell'elaborazione di un qualunque lutto. A un certo punto, bisogna dire basta e reagire.

Fu un insegnamento propedeutico ad affrontare l'esistenza. E l'invecchiamento può essere una delle sue tappe.

Ci sono molte persone che tentano di esorcizzare a modo proprio l'avanzamento dell'età. In questo, non c'è distinzione di sesso: uomini o donne che siano, colleghi del mondo dello spettacolo e no, si illudono di rallentare il naturale processo di invecchiamento fidanzandosi con ragazzine/i. Suppongo siano forme di "vampirismo". Un po' come la contessa di Báthory, una tra i più grandi vampiri della storia: si faceva il bagno nel sangue delle giovinette e se ne nutriva, pensando che questa pratica la mantenesse sempre giovane.

Oggi fortunatamente non si arriva più a tanto, eppure ho notato che alcuni che fanno il mio mestiere, invecchiando, tendono ad abbracciare le persone giovani che entrano nello studio televisivo. Mi è sempre sembrato un modo per nutrirsi di quella gioventù, per suggere quella freschezza che senti di non avere più. Non sto dicendo che sia così, ma che mi pare di poter leggere un'inconscia spinta in tal senso. Io non ci riesco.

La mia unica deroga? Abbracciarmi "le vecchie". Mi diverte chiamarle così, e me lo permettono perché ravvisano il profondo rispetto giocoso che nutro quando le apostrofo in quel modo. Ecco, da loro mi lascio vampirizzare volentieri.

Al contrario, ho quasi paura di contaminare con la mia "decomposizione" la giovinezza. Mah! Cazzate.

Non voglio e non posso essere ladro di gioventù e quindi mi toccherà vivere per bene la mia vecchiaia e godermi quanto mi può offrire.

Quando sostengo che questa giostra in fondo gira sempre su se stessa, lo dico perché alla fin fine nella vita si ripropongono sempre le stesse cose: si può avere un'anima che si stupisce al canto della cinciallegra, ci si può meravigliare per una poesia bellissima, si può esultare per un gol messo a segno dalla propria squadra del cuore, ci si può emozionare per il gesto d'amore di un figlio o godere di poterlo compiere a propria volta. Ma, gira che ti rigira, si ripetono sempre le stesse cose.

Però con l'età non c'è più quel pungolo disperato del desiderio, e si è più sereni nell'osservare la realtà; si acquisisce una saggezza che permette di avvicinarsi al momento della morte con maggior serenità, perché quello che c'era da poter vivere è stato vissuto.

Sono un grande collezionista di ricordi. Non in modo nostalgico o malinconico, ma in modalità cinica. Vorrei arrivare alla vecchiaia diventando come uno dei signori, piuttosto anzianotti, che vedo ogni mattina al bar Pallotta, a Ponte Milvio. Vado a fare colazione e ci massacriamo a vicenda. Ne saluto uno: «Ancora non sei morto?». E quello di rimando: «Ti ho visto l'altra sera in televisione, ammazza quante stronzate dici!». Comunicazione giocosa: è un modo per sopravvivere, ridendo dell'assurdità del tutto. Perché stiamo vivendo? Boh. Chi lo sa? L'immaginazione e l'accettazione leniscono la fatica che facciamo per passare il tempo.

Sì: «La vita è uno stato mentale».

Ti ricordi il ghiaccio,
colonnello Buendía?

21 gennaio 2006

«Molti anni dopo, di fronte al plotone di esecuzione, il colonnello Aureliano Buendía si sarebbe ricordato di quel remoto pomeriggio in cui suo padre lo aveva condotto a conoscere il ghiaccio.»

Perché questa frase? Come mai, fra le tante che ho letto e incrociato nel corso della mia esistenza, ho scelto proprio questa e ho chiesto alla mia amica Margot di dipingerla sulla parete del mio studio?

Se ci penso bene, mi accorgo che per me questa è una frase fondamentale, un esercizio di stile in un genere di racconto che mi ha sempre affascinato: la realtà magica che potremmo scorgere nella realtà quotidiana, se solo lasciassimo che la magia, che appartiene all'impalpabilità di quel che siamo, diventasse uno dei vettori importanti del nostro agire.

Cent'anni di solitudine *è una potente saga di "reali-*

smo magico" che racchiude tutte le meraviglie e tutte le bruttezze dell'animo umano. Meraviglie e bruttezze che si manifestano nella vita affettiva, nella vita politica e nella vita sociale, un po' come quelle che viviamo noi, con tutte le nostre contraddizioni.

Ma quello che mi colpisce di più è che attorno a questo racconto, a questa immensa saga familiare, c'è sempre un'infinita giostra di venature fantastiche che sembrano non appartenere a una vita terrena. Sembrano... ma sono venature ben presenti dentro di noi e per accorgercene ci basterebbe vivere con una maggiore disponibilità verso il magico.

Per magico non intendo un numero di Binarelli, ma la disponibilità, quasi fanciullesca, a lasciarsi stupire da ciò che accade, non vedendolo solo per ciò che è ma anche per ciò che vorremmo che fosse.

Un amore può essere un dato oggettivo. Ma può anche essere un fiume di farfalle... be', può essere tutto. Se riuscissimo a dare un'immagine quasi pittorica alle cose che ci accadono, questo mondo sarebbe più colorato, anche nelle intenzioni. Sarebbe più bello, sarebbe meno ovvio e più sorprendente.

Ma questo non basta.

L'incipit di Márquez mi commuove ancora oggi, ogni volta che lo leggo, ripensando a quanto tempo ha impiegato per formularlo. Dentro quelle righe c'è la sinossi perfetta della storia, fatta di rimandi e di rimbalzi tra il passato, il presente e il futuro.

«Molti anni dopo, di fronte al plotone di esecuzione, il colonnello Aureliano Buendía...». Sta parlando di «molti anni dopo» e di una figura "gerarchica", un colonnello.

Siamo di fronte a un plotone di esecuzione, quindi a un passo dalla morte.

In quel momento, il protagonista si ricorda di un lontano pomeriggio in cui suo padre lo portò a conoscere il ghiaccio. Ma perché proprio il ghiaccio? Perché non esisteva a Macondo.

Quindi, in quel momento prima del probabile trapasso, l'immagine del ghiaccio è un ricordo che torna alla mente di un militare, un uomo che ha ucciso, che ha combattuto e ha compiuto atrocità inseguendo ideali, giusti o sbagliati che fossero. A quell'uomo, un attimo prima di morire, torna in mente un'immagine che l'ha stupito quando era bambino.

Quindi lo stupore lo prende per mano e lo accompagna nel trapasso.

E, in qualche modo, gli salva la vita.

Quello che mi manca nella vita, con il passare degli anni, è proprio lo stupore.

Oggi il mio agire è quello di un qualunque individuo metropolitano, fatto di doveri, di piaceri, di circostanze. E quello che manca, se getto uno sguardo anche indietro, è la possibilità di rintracciare quello stupore che da bambino, o da ragazzo, ancora avevo.

Lo stupore è la sostanza prima nella mente di un individuo che sboccia in questa dimensione esistenziale: quando si è giovani, ogni cosa ti stupisce. Poi, più vai avanti *con la vita, meno le cose ti stupiscono perché diventano consuetudine.*

Quindi mi chiedo: dove posso ritrovare ancora lo stupore? Nella fantasia. E, più profondamente, nei sentimenti.

Questi sono territori in cui, alla mia età, lo stupore può ancora attecchire: la lettura di un libro, la visione di un film, la progettazione di un viaggio. L'amore con i suoi sentimenti, che essendo impalpabili possono assumere la forma colorata delle farfalle e diventare una dimensione di sogno nella quale lasciarsi serenamente annegare.

Ecco, forse, perché mi piace questa frase.

Ora che mi vengono riproposti questi miei pensieri, mi resta un gusto dolce-amaro nella bocca. Il sapore piacevole lo devo a quella parte del mio cervello che ha fissato la sensazione generata dallo stupore: ricordare le volte che l'ho provata, come Buendía, mi riporta un po' di quel benessere e di quella magia che mi ha regalato in origine. Quasi contemporaneamente, però, sopraggiunge anche il disincanto. La consapevolezza che è sempre più difficile che quel calore, quella gioia mi investano di nuovo, in tutta la loro purezza, man mano che il tempo passa e si diventa adulti.

Chissà, forse questo rende più preziosi i rari momenti in cui, ancora oggi, qualche volta succede che mi stupisca!

Non voglio sembrare troppo cinico, ma è un fatto oggettivo che, quando sei piccolo – dal momento che non conosci alcunché di ciò che hai attorno –, ogni cosa diventa una scoperta. Non saprei neanche rintracciare "lo stupore più stupefacente" che abbia provato, perché direi che, a quell'età, si tratta di una sensazione costante associata all'esplorazione continua dell'esistenza.

Una perlustrazione, per altro, in divenire: prosegue nell'adolescenza, magari in modo leggermente diverso perché si viene incuriositi pian piano da cose differenti, ma sempre di scoperte si tratta. E la vita seguita a suscitare meraviglia. Poi si diventa adulti: c'è ancora spazio per la sorpresa, per fortuna. Un po' meno, ma c'è.

La frenata arriva nella maturità, col passare del tempo, quando ti accorgi che gli eventi che ti accadono cominciano a ripetersi e, in fondo, si somigliano un po' tutti.

Non mi sto lamentando; prendo atto di un fatto inevitabile della vita, che però un pochino mi dispiace. Fra l'altro, mi reputo molto fortunato: non ho avuto un'esistenza che si può definire "ordinaria", è stata molto movimentata, ho potuto sperimentare tanto, ho visto tanto! Forse pure troppo. Non sarà stata una fregatura, emotivamente parlando? Voglio dire: ne ho viste talmente tante che alla mia età, oggi, è difficile rintracciare qualcosa che mi stupisca davvero.

Intendiamoci: a stupirsi in negativo si fa sempre in tempo. Ma trovare qualcosa che susciti quella scintilla che dia la gioia di dire: «Caspita! Questo me l'ero perso fino a ora, eppure c'era! E guarda che bello!» è assai difficile.

Unica deroga a questo discorso, nel senso che si tratta di qualcosa che richiederebbe gesti molto semplici da fare e da riconoscere, è la gentilezza. Sì: un gesto di cortesia, di questi tempi, potrebbe regalarmi un momento di profondo stupore. Vedo sempre più raramente i sorrisi. Se uno che non conosco, a fronte di una situazione banalissima di un quotidiano incrocio esistenziale, mi sorride per una qualunque ragione, mi stupisce. Magari si tratta della signora a cui pago il bollettino alla posta, o di quella a cui cedo il passo davanti all'entrata di un palazzo; o dell'uomo alla guida dell'auto che si ferma per lasciarmi attraversare. Il sorriso è un atto sempre più raro che, però, costa davvero poco e riesce a dare un immenso piacere: è disponibilità, offerta senza richiesta.

Più in generale, mi colpisce il sentimento quando è affetto profuso disinteressatamente, perché senti nell'altro la gioia di volertelo trasmettere.

In *Un tram che si chiama Desiderio*, il personaggio di Blanche DuBois recita: «Chiunque lei sia: ho sempre confidato nella gentilezza degli sconosciuti». Ecco. Voglio ancora sperare che questa frase abbia una sua veridicità, che possa essere a tutt'oggi così.

A parte questi piccoli episodi, che mi piacerebbe accadessero più spesso nella vita di tutti i giorni, talvolta mi capita di ravvisare lo stupore nell'arte. L'arte a 360 gradi, in tutte le sue forme: dalla letteratura alla pittura, alla musica, al cinema.

I libri sono una passione da sempre: amo leggere e passo attraverso vari generi, dai romanzi ai saggi, alla fantascienza. Mi ha stupito sempre la capacità descrittiva delle interiorità umane di Stephen King; amo il realismo di Márquez, ma questo s'è capito. Ultimamente, eressato la tematica proposta nei saggi di Yuval Noah Harari, saggista israeliano, che racconta l'animo umano e la sua evoluzione storica e biologica con il supporto della scienza.

Probabilmente, il libro che più mi ha cambiato è stato *La nascita di una controcultura* di Theodore Roszak, che lessi al liceo: andavo in una scuola di religiosi, quindi era un titolo insolito da proporre. Si tratta di un testo del 1969, che analizzava in modo molto profondo e sostanziale la rivolta degli anni Sessanta; il termine stesso "controcultura", oggi diventato di uso comune, è stato coniato proprio da Roszak.

Un giorno, però, accadde che in aula arrivò un professore come supplente del prete che ci insegnava Italiano; ci fece conoscere questo libro, che ha modificato completamente le mie prospettive, i miei pensieri. Mi ha avvicinato alle tematiche politiche e sociali, per l'epoca rivoluzionarie, di quel movimento nato dalla forza della ribellione giovanile. È stata una bella immersione in una realtà che non sospettavo, una presa di coscienza interessante. Mi ha reso più consapevole di me e della società in cui vivevo; insomma, una bella "botta".

Quando leggi un libro, quello ti inietta dei pensieri, delle sensazioni che, con il tuo metabolismo caratteriale, finisci per elaborare e in qualche modo trasformare in qualcosa cui è difficile dare una definizione.

Ho anche riletto i miei libri più significativi, per vedere

se mi avrebbero segnato in modo diverso, ma ugualmente potente, come la prima volta. Non è accaduto. Quella mutazione interiore l'avevano già operata e, nella mia esperienza, non si poteva riproporre. Il libro resta bello, ma quello che doveva accendere lo aveva già acceso.

Il discorso diventa forse un po' diverso con la poesia. Sì, in particolare amo Baudelaire e Leopardi. Daje a ride', eh? Ma dai, non è questione di pessimismo; sono semplicemente poeti profondi e intensi.

Per esempio, amo tantissimo *Una carogna* di Charles Baudelaire, che credo sia la più bella poesia d'amore mai scritta. Lo so, il titolo potrebbe apparire poco romantico. Eppure è di una bellezza rara. Lega l'amore con la morte e con la decomposizione, con la lenta fuggevolezza del tutto e, allo stesso tempo, con il drammatico struggimento del sentimento del poeta, che non vorrebbe arrendersi neanche di fronte all'inevitabile fine dell'esistenza terrena della sua donna. Io, dietro a questi versi, ci ho perso la testa.

> Ricorda, anima mia, ciò che vedemmo
> quel mattino estivo, così dolce:
> alla svolta d'un sentiero su un letto di ciottoli,
> con le zampe in aria come una donna in calore
> ardente e trasudante veleno,
> un'ignobile carogna
> apriva con cinica disinvoltura
> il suo ventre pieno d'esalazioni.

Batteva il sole su quella cosa putrefatta
come per cuocerla a puntino,
e come per restituirla centuplicata alla grande Natura
che pur l'aveva, con tutte le sue parti, conformata,
e il cielo mirava la magnifica carcassa
che si spampanava come un fiore.
Era così forte il fetore,
che ti sembrava di svenire sull'erba.
Le mosche ronzavano su quel putrido ventre
dal quale oscure larve uscivano a schiere
colando come un liquido viscoso
lungo quei brandelli organici.
E tutto quanto calava e montava come un'onda
o eruttava sfrigolando;
avresti detto che il corpo, gonfio d'un vago soffio,
vivesse e si moltiplicasse.
E una musica strana si levava da quell'universo
come l'acqua corrente e il vento,
o il grano che ritmicamente scuote e rigira
nel vaglio il vagliatore.
Le forme sparivano, non erano più che un sogno,
un abbozzo stentato
e dimenticato sulla tela che l'artista porta a termine
affidandosi alla memoria.
Da dietro le rocce una cagna
ci guardava con occhio torvo,
aspettando di poter ritogliere allo scheletro
il boccone che aveva lasciato.

– Eppure, somiglierai anche tu a quella lordura,
a quella orribile infezione,
stella dei miei occhi, sole della mia natura,
tu, angelo mio, che sei la mia passione!
Sì, regina delle grazie! tu sarai così
dopo l'estrema unzione,
quando sarai andata fra le ossa a marcire
sotto un'abbondanza d'erba e di fioriture.
Allora, mia bella, ai vermi
che ti mangeranno di baci, di' loro
che io custodisco la forma e l'essenza divina
dei miei decomposti amori!*

Non la rileggevo da "eoni", da secoli e, malgrado la conosca alla perfezione, riesce ancora a farmi vibrare le corde dell'anima. Mi ha stupito di nuovo! Non c'è niente da fare. In una vita che è fatta sempre più di cose che "si toccano", l'impalpabilità dei sentimenti rappresenta senza dubbio la salvezza per l'umanità.

---

* Paolo fatica un po' a terminare la lettura, a questo punto. Si commuove, un singhiozzo gli rompe la voce. Questo lo rende ai nostri occhi molto sensibile e vulnerabile. È solo un attimo, ma un attimo autentico e sincero, che ci svela tutto il suo spessore di essere umano. Si scusa per questo "cedimento" di fronte allo stupore che si è rinnovato proprio davanti ai nostri occhi. Lui si scusa e invece noi siamo così felici che sia successo, di essere stati testimoni di un momento così intenso di commozione di fronte alla bellezza, che quasi lo ringrazieremmo. *(Nota di Nicola Brunialti, Manuela D'Angelo e Tiziana Orsini.)*

Mi dà gioia pensare che in giro c'è ancora qualcuno che ogni tanto riesce a riprodurre la propria genialità, arricchendo anche gli altri. Per recepire e fare tesoro di questo contributo non è necessario essere esperti di chissà quali materie.

Fin qui mi sono atteggiato un po' a "intellettuale", citando i poeti e la letteratura, ma c'è per esempio una branca dell'arte di cui non capisco davvero un fico secco ed è la pittura. Proprio non la comprendo: non ne conosco la storia, le evoluzioni, cosa hanno voluto significare i vari movimenti artistici. Sono andato a vedere una mostra d'arte contemporanea, e avrei voluto bruciare tutte le opere. È un mio limite.

Molto tempo fa, però, ho visitato un museo, non mi ricordo neanche quale, sicuramente non in Italia. C'erano opere di pittori prestigiosissimi e ho apprezzato molti bellissimi quadri. Riuscivo ovviamente a percepire la perizia e la bravura di un Velázquez, ad esempio; la ricerca dei particolari, la perfetta merlettatura della gorgiera, neanche fosse in fotografia. Insomma, ho ammirato la bellezza, ho pensato: "Che bravo! chissà quanto ci ha messo!", però di fondo non è che me ne fregasse molto.

A un certo punto, è successo qualcosa: sono entrato in una sala e lì mi è preso un colpo. Ho sperimentato la meraviglia. Si trattava di un Van Gogh. Non l'ho neanche visto bene, era troppo lontano, eppure mi ha colpito, fulminato.

Da vicino non impressionava così tanto. Ma appena

mi spostavo leggermente, mi allontanavo, ne usciva una botta di colori perfetta. Credo fosse l'opera *Campo di grano con volo di corvi*. La bellezza assoluta. Certo, quella è sensibilità personale, lo stupore che è arrivato in un mare di indifferenza.

Il bello dello stupore è che a ognuno può arrivare da strade diverse e inaspettate: ad Aureliano Buendía venne dal ricordo del ghiaccio; magari qualcuno rimarrà folgorato dal fatto che mi piace la poesia! Io ogni tanto rimango colpito da qualche tocco pittorico nei film. Parlo della "pennellata del momento", quel particolare che non è pienamente cosciente ma che si pianta con le unghie nella memoria, si attacca e diventa per sempre il particolare che mi ricorderà il tutto.

Per fare un esempio: nel film *Il piccolo grande uomo*, una saga molto cruda sulla lotta tra bianchi e pellerossa, basta un suono lontano per far capire allo spettatore cosa stia per accadere e fargli venire il magone. O ancora, in *Jurassic Park*, ricordo la scena in cui i protagonisti con la jeep si trovano sul pianoro: stanno per incontrare i dinosauri. Al cinema siamo andati per quello! Ma il regista ci lascia avvertire la presenza senza mostrarceli. Ebbene, a me quella che è rimasta impressa è stata proprio l'estrema capacità di Spielberg di farceli percepire senza mostrarceli davvero. Per un lungo tratto, non viene inquadrato neanche uno dei mostri preistorici: solo l'alternanza delle facce stupite degli attori, che fanno crescere l'aspettativa del pubblico. Quando finalmente li fa apparire, scatta un piacere quasi liberatorio. Il tocco astuto e geniale, in questo caso del montaggio, che mi porto appresso più di tutta la saga.

Ma forse, se dovessi ricercare lo stupore avvalendomi dei mezzi e dei modi raccontati in *Cent'anni di solitudine*, dovrei scovare nella narrativa magica dei trucchi e aiutare la mia mente un pochino disincantata. Insomma, dovrei barare un po'. Facciamo un gioco? Nel libro, alcuni protagonisti hanno il dono della chiaroveggenza. Sarebbe un superpotere che presumo mi donerebbe un bel po' di stupore. Anzi, chiedo la libertà di poter ricevere non solo uno, ma tre doni, un po' come Aladino con il genio della lampada. Voglio mescolare carte e leggende. Se pò fa'? Se pò fa'! Questo è il libro mio e faccio come mi pare.

La chiaroveggenza mi piacerebbe, per carità. Mi ricordo quando c'era la rubrica nell'inserto dell'«Unità», «Cuore», *Le 10 cose per cui vale la pena vivere* e, al primo posto, c'era sempre: «Vedere come va a finire». Sì, potrebbe essere un dono divertente.

In realtà i miei tre desideri più grandi e folli sarebbero: viaggiare nel tempo, volare e diventare invisibile a mio piacimento.

Parto con la macchina del tempo e vado nell'anno... no, tutti. Me li faccio tutti, gli anni. Parto dalla preistoria e arrivo nel futuro. Con particolare attenzione nei confronti del Medioevo: non so perché, ma mi attizza. Rivedendo con i miei figli *Non ci resta che piangere*, un'altra bella passeggiata nei secoli, mi sono gustato i miei ragazzi che ridevano. Alcuni passaggi sono sempre divertenti: Troisi e Benigni che cercano di spiegare il funzionamento dello sciacquone senza riuscirci, «Ricordati che devi morire», la scena del doganiere che in automatico, senza guardare il carretto, chiede: «Chi siete, dove andate, cosa portate, un fiorino». Poi, evidentemente, con un senso di sottile vendetta nei confronti del genio, ho visto i ragazzi sganasciarsi su Leonardo che non capiva il gioco della scopa.

Piccola notazione a margine: mi piace osservare lo stupore nei miei figli. È un modo indiretto per rivivere, seppur meno intensamente, quello che non riesco più di tanto a provare io.

Desiderio numero due: l'invisibilità. Mi piacerebbe, qualche volta, assistere a cose che si potrebbero verificare solo in mia assenza. Ma mi rendo conto che si tratta di una curiosità più morbosa che altro.

Infine, desiderio numero tre: volare. Il sogno di Icaro. Deve essere una sensazione meravigliosa. Ho fatto tanta subacquea e, secondo me, la percezione di libertà e di sospensione, quando sei sott'acqua, un po' somiglia a quella del volo. L'immersione è yoga nel vero senso della parola: senti solamente il tuo respiro e, in qualche modo, ti stai librando sopra il mondo sommerso, «il mondo del silenzio» come lo definiva Jacques Cousteau. Ecco un altro libro che mi piacque molto! *Il mondo del silenzio*, quel mondo in cui qualsiasi piccolo rumore si amplifica.

So che potrei "sfidare" l'aria, provare a volare per quanto è concesso agli uomini, anche senza un superpotere.

Però l'altezza mi inquieta; non che io soffra di vertigini, ma non c'è comunque una sostanza che mi sostenga come in acqua. Il mare mi ha sempre dato un senso di libertà, d'imprevedibilità: il non sapere cosa c'è sotto mi lascia un'esca di curiosità.

L'idea di poter volare nella sospensione liquida del mare è ricca di fascino e di incognite, perché negli abissi ciò che si può incrociare è profondamente diverso da quel che siamo con una varietà e una meraviglia cromatica che incantano.

È vero, ho detto più volte di essere un pigro. Lo confermo, malgrado tra immersioni, voglia di esplorare e racconti vari sembri molto attivo. D'altronde, è proprio lo stupore che può smuovermi dalla pigrizia perché riesce a generarmi entusiasmo. Sono pigro perché rifuggo naturalmente dall'impegno, a meno che questo non sia importante per qualcuno a cui tengo – in tal caso non so dire di no e per me la parola data vale più di qualunque altra cosa –, o non mi risveglino curiosità, gioia e quindi desiderio di fare. Allora, parto a rilento come un diesel, mi riscaldo piano piano ma poi non mi risparmio, e do tutto fino all'ultima goccia.

«Molti anni dopo, di fronte al tristo mietitore, il signor Bonolis si sarebbe ricordato di quel lontano pomeriggio in cui il padre lo portò allo stadio a conoscere il calcio.»

«Si impara più da mille chilometri
che da centomila pagine di libri»

18 maggio 2014

«The man in black fled across the desert and the gunslinger followed.»

Oggi ho fatto scrivere un altro incipit sul muro del mio studio.

«L'uomo in nero si incamminò nel deserto e il pistolero lo seguì» è l'incipit della più bella saga fantasy che abbia letto, la serie de La torre nera, *di Stephen King. Questo inizio mi riporta a qualcosa che ho vissuto da ragazzo e che non vivo più da adulto: l'avventura.*

«L'uomo nero si incamminò nel deserto»: si incamminò, cioè, in un territorio che non conosceva, un territorio che poteva offrire speranze ma anche dolori. Ed era perfettamente consapevole dei pericoli che avrebbe dovuto affrontare.

Questa frase, che è l'inizio della saga, ne è anche la fine.

Uroboros*, la circolarità eterna delle umane gesta, e ~~l'esi~~stenza di universi paralleli.

Oggi non ce la farei fisicamente a sostenere una vita avventurosa, così come l'ho sostenuta da ragazzo. Da giovane ho viaggiato tantissimo e mi sono imbattuto in diverse situazioni che a quell'età erano meravigliosamente pericolose. Era bello che ci fosse quel pericolo, era bello superare una difficoltà, provare a addomesticarla, aggirarla o affrontarla. Oggi mi sono imborghesito. Ma quel sapore ce l'ho ancora in bocca. E ogni tanto lo gusto ancora, soprattutto la notte quando sono a letto e non riesco a dormire. Allora do una shakerata al bicchiere della memoria e cerco di far ritornare a galla questi ricordi di avventure, di viaggi, di amori. Tutte suggestioni vissute, provate, annusate quand'ero ragazzo.

Spesso mi dico che, in fondo, potrei morire anche ora e sarei comunque felice. Ho preso talmente tanto dalla vita che posso rimettermi nell'Uroboros. In circolo.

---

* L'Uroboros è un simbolo antichissimo, presente in molte civiltà e diverse epoche. Rappresenta un serpente che si morde la coda e, quindi, la natura ciclica delle cose.

Sì, sarà anche per questo che non ho paura di morire. Perché quello che ho vissuto è stato più che soddisfacente. Ho vissuto il bene e il male, la gioia e il dolore. Certo, non mi dispiace l'idea di poterne trovare ancora ma, laddove non lo trovassi o laddove non lo vivessi più, non importa: «Sono sazio di giorni», come disse Giobbe.

Gli anni che verranno, se e quanti ne verranno, vorrei spenderli viaggiando. Nel viaggio ci sono più probabilità di cogliere ancora sprazzi di stupore. È vero che con la globalizzazione oggi è sempre più difficile stupirsi. Le città si somigliano. A parte l'architettura e i monumenti, i mercati hanno fagocitato e livellato il resto: stesse merci, catene alberghiere, marchi internazionali in ogni dove.

Ma c'è un altro aspetto: attualmente sono un po' più vecchio quindi, soprattutto se viaggio con la famiglia, lo faccio in modo più agiato rispetto a quando ero giovane.

Adesso il viaggio è rapido: prendi un aereo, attraversi migliaia di ecosistemi e arrivi dall'altra parte tale e quale sei partito, tranne il jet-leg d'ordinanza. Insomma, a parte un po' di rincoglionimento, non ti è rimasto addosso niente del viaggio: hai attraversato mezzo mondo in dodici ore e non è successo niente. Poi, come dicevo, quando arrivi in una grande città trovi le stesse cose del posto da cui sei partito... è come se avessero spento i colori.

Mi piace di più la natura: il paesaggio è necessariamente differente se cambi latitudine, se cambi clima! L'impatto è diverso: se vieni da un Paese mediterraneo e ti ritrovi in Giappone, davanti ti si apre un altro mondo, in Perù c'è un panorama radicalmente diverso da quello di un Paese africano. Comunque, l'esperienza di viaggio – inteso come spostamento – non è più così impegnativa come lo era per noi da ragazzi: facevamo meno strada, ma quei chilometri ce li avevamo segnati tutti sulla pelle, uno per uno, perché era faticoso spostarsi.

Tendenzialmente preferisco viaggiare da solo, ma il concetto di solitudine ormai mi è negato spesso dalle circostanze della vita: con una moglie e cinque figli, lo capisci da te... Non vorrei essere frainteso: viaggiare con tutta la "truppa" mi piace, ma è diverso. Sono un entusiasta e vorrei condividere la mia passione con chi mi accompagna. Ma se dico: «Andiamo a vedere quella roccia?» e quello accanto, sbuffando, mi fa: «Ma perché quella roccia?», mi è già passata la voglia. Me cala l'entusiasmo, capisci? Viaggiare da solo mi permetterebbe al contrario di prendere tutte le decisioni senza che qualcuno mi smontasse lo slancio. A mia moglie della natura non gliene frega una mazza e preferisce visitare le città. Invece, come dicevo prima, quello che talvolta mi stupisce ancora sono proprio la natura e le persone, fuori dai grandi agglomerati urbani.

Da giovane ho fatto viaggi con lo zaino in spalla. Ho ancora e uso sempre il vecchio Invicta bianco e blu di quando ero ragazzo: è un po' sfondato, però regge e, proprio utilizzandolo, ho imparato a distribuire le cose che mi occorrono. L'ho spiegato ai miei ragazzi: bisogna mettere le cose sempre nello stesso posto, con un ordine che sia quasi matematico. Se cerco gli occhiali di riserva, ce li ho sempre nella stessa tasca, nello stesso punto. Bisogna essere metodici, altrimenti, spostandosi in continuazione, non si capisce più niente. E bisogna imparare a portare poche cose, secondo la tipologia del viaggio.

Quali sono i viaggi che mi sono rimasti più impressi? Difficile a dirsi, perché ho girato molto. L'India in treno è stata un'esperienza ruvida ma temprante. Due mesi di treno (e che treni allora!), per attraversare le varietà più disparate, hanno segnato pagine di stupore che ancora ricordo. Anche le mie terga ricordano.

Un ragazzo indiano con cui condivisi parte del viaggio, leggendo la mia aura (mah!), mi disse che questa sarebbe stata la mia ultima vita. Mistico.

In Africa, sempre da ragazzo, presi la malaria e fui

curato con vasche ghiacciate e bombardamenti di chinino. Tosto.

Al Mount McKinley National Park (oggi Denali National Park and Preserve), in Alaska, ho visto lo spettacolo cromatico più affascinante che si possa immaginare: la fioritura dei licheni. Era l'alba e ho sgranato gli occhi su una tavolozza impazzita dove colori, forse ancora sconosciuti, si mescolavano a perdita d'occhio (avete presente la scena di *Al di là dei sogni* con Robin Williams?). Meraviglioso.

In Perù, per incrociare mio figlio Stefano sulla via per Machu Picchu, ho dovuto cambiare traiettoria di viaggio, e volare da Lima direttamente al lago Titicaca. Non fatelo mai. Arrivate gradualmente. Decollo dal livello del mare e atterraggio a 3000 metri (dov'è l'ossigeno?). Due giorni con bombola per respirare, movimenti da bradipo ed emicrania intollerabile. Sfiancante. Però Machu Picchu e il treno fino ad Aguas Calientes (propaggine amazzonica, vero buco del culo del mondo)… entusiasmante.

La Polinesia e la sua gentilezza, il deserto silenzioso con le stelle da afferrare, e i suoi rari profumi, i terrazzamenti dell'Asia sudorientale con toni di verde che nessuno smeraldo può avere… nutrimento!

Ah, un episodio buffo: Galápagos.

Mi sono imbarcato sulla motonave *Santa Cruz* che faceva delle ricerche sulla qualità delle acque e, stando con l'equipaggio, ho potuto vedere cose vietatissime in ecosistemi protettissimi.

Quelle acque sono ricche di leoni marini: i cuccioli soffrono di una miopia devastante, che rasenta la cecità, e tendono ad avvicinarsi curiosi.

Non si possono toccare, ma quando arrivano in prossimità e fanno il loro verso, ti aprono completamente la bocca in faccia... fiatella pestilenziale. A ogni modo, un giorno eravamo alla fonda, di fronte a una di queste isole. Avevo appena fatto un collegamento per il Tg5 per il quale il comandante si era persino messo la feluca e il completo da ammiraglio. Niente da dire, ma per essere sinceri si trattava di un collegamento via radio. Non lo avrebbe visto nessuno, ma era contento così.

Faceva un caldo micidiale e l'equipaggio ne avrebbe avuto per un paio d'ore; mi stavo annoiando e ho chiesto se potevano portarmi su una spiaggetta di fronte, a trecento metri. Hanno fatto un po' di storie, affermando che nessuno poteva scendere lì, sulla terraferma. Ho insistito, assicurando che nessuno mi avrebbe visto: il tempo di un bagnetto e sarei tornato a bordo. Ho convinto l'ammiraglio. Mentre ero a mollo, da solo, in quel mare di cristallo, sento una botta dietro la schiena: un male che non ti dico. Mi giro: un leone marino. Sarà stato settecento chili, una bestia gigantesca. "E mo che vo' questo?" Col pinnone mi dà un'altra saracca. A istinto, gli do un pizzone pure io. Mi schizza. Lo schizzo. Poi sento un rumore dietro di me: mi giro, ed è un altro leone marino che mi schizza anche lui. Una guerra di pizze e gavettoni!

All'improvviso sento i fischietti delle due guardie dell'isola che erano accorse: «*Afuera! Afuera!*».

Esco dall'acqua e mi fanno un cazziatone incredibile: «Non può stare qui. È vietato! Lei adesso viene con noi! L'arrestiamo...».

Durante le legittime minacce, i due leoni marini dall'acqua facevano dei versi con cui evidentemente cercavano di richiamarmi. Le guardie, essendo del posto, hanno capito la situazione e hanno colto quella specie di empatia giocosa sorta tra i leoni marini e me...

Be', insomma, per farla breve, tempo dieci minuti c'erano tre uomini nudi dentro l'acqua che se pijavano a pizze con i leoni marini. Capisci che ti può capitare andando in giro per il mondo?

Ho viaggiato molto con mia moglie e con i ragazzi.

Con Davide siamo andati fino in Brasile per i Mondiali del 2014. Partite a calcio sulla spiaggia di Rio, le alte dune di Natal; ci siamo divertiti. Allo stadio, meno. Molto meno.

Fin da ragazzo passavo ore a guardare cartine geografiche, dalle più specifiche ai planisferi. Avevo l'abbonamento a «National Geografic» e ho vissuto una forte e commovente emozione quando al «Senso della vita»* ebbi la fortuna e l'onore di incontrare chi avevo ammirato per anni: Walter Bonatti.

L'idea di questo continuo cercare, di guardarsi attorno,

---

* Talk show ideato e condotto da Bonolis, andato in onda in cinque edizioni dal 2005 al 2008 e poi nel 2011. Al centro del programma ci sono storie e interviste a vari personaggi, famosi e no.

studiando la geografia sui libri e poi fisicamente, mi esalta. Unica difficoltà: gli Stati nati dal frazionamento della ex Jugoslavia e dell'URSS: è come se due nazioni fossero esplose... e mo vatte a ricorda' dove stanno la Serbia, l'Estonia, la Lettonia... il Kazakistan! Mi si incarta il cervello, davvero.

Sapete una cosa? C'è una parte di mondo a cui sono particolarmente affezionato. O meglio, la mia predilezione nasce da una sensazione che mi sono portato sempre addosso: ogni volta che, per una qualunque ragione, arrivo in Centro America, mi sento a casa! Quando sono stato in Messico, in Guatemala, nell'Honduras e ho sentito parlare quelle genti, ho annusato i profumi di quei luoghi, ho pensato chiaramente: "Ah! Qui è casa".

È come se riconoscessi quegli odori, ma non riesco a spiegarmi da cosa possa dipendere. È una familiarità che viene da lontano. La sento profondamente mia, eppure ne ignoro l'origine.

Il consiglio che darei alle nuove generazioni è proprio questo: viaggiate. Fisicamente, intendo. La fatica fa sempre bene e rende tutto più saporito e più utile.

Molto spesso, oggi, i ragazzi viaggiano virtualmente, seduti a casa propria, che è l'equivalente della cacca rispetto al cioccolato. Un viaggio virtuale è indotto, e non dedotto, è vivere una realtà che qualcun altro ha confezionato per te, e prende le dimensioni altrui; è insapore, inodore... un'esperienza sterile. Ragazzi: muovete il culo. Prendetevi del tempo, che non è sprecato, perché si trasforma in conoscenza.

Capisco che non tutti abbiano la possibilità di andare via per un lungo periodo: allora partite concedendovi magari un tratto breve, ma "faticatevelo". Con calma vi regalerete incontri interessanti e inconsueti, che vi avvicineranno a idee diverse dalle vostre, più o meno condivisibili ma comunque nuova linfa per la vostra crescita.

The man in black fled across the desert…

La mia televisione

29 ottobre 2016

Appunti per una lezione universitaria

Per creare un prodotto televisivo, viene spesso chiesto: «Cos'è che la gente vuole vedere?». Io, invece, credo che si debba partire dalla domanda: «Cosa ho io da raccontare?».
C'è una profonda differenza.
Si dice che in televisione non ci sono idee, eppure le proposte televisive sono tantissime. In realtà sono quasi tutti sottoprodotti modificati di idee originali (format). Poche idee originali e un numero immenso di derivati.
Questo in parte perché il mercato richiede molto materiale e non importa quanto sia nuovo o quanto sia similare all'originale. E in parte perché l'originalità di un prodotto televisivo comporta un impegno maggiore per chi lo elabora e più rischi per chi lo produce finanziandolo.

Ecco quindi che ci sono due tipi di autori televisivi: quelli che inventano e quelli che adattano. In parole povere, senza offesa ma solo per semplificare: da una parte le menti, dall'altra le braccia.

Bisogna scegliere dove stare. Io personalmente mi occupo di menti, di quelli che inventano. Le menti sono anche braccia, mentre le braccia sono solo braccia.

Tutti possono essere menti? Secondo me sì, ma non è un processo facile.

Tutti possono essere braccia? Sì, e non è così complesso.

Per provare a essere una mente televisiva occorrono tre elementi fondamentali: coraggio, analisi e tecnica.

Per essere braccia occorre solamente la tecnica. Ma mentre quest'ultima è un elemento che si può apprendere esercitandosi, il coraggio e l'analisi richiedono una natura e un esercizio personale che non tutti riescono a fare, anche perché potrebbe risultare molto deludente.

Secondo me, però, la delusione che ne potrebbe derivare è solo indirettamente proporzionale al coraggio investito, elemento primo del nostro percorso.

Il coraggio richiesto per questo lavoro riguarda le capacità di non temere di esprimere ciò che pensiamo e ciò che siamo, poiché questa è l'unica via sicura per essere originali. Ognuno di noi, per vissuto e per natura personale, è un individuo unico e irripetibile. Quindi, ogni sua espressione non condizionata, ogni fantasia realmente propria, sarà originale e priva di antenati: prima di voi, nessuno mai è stato voi.

Ma, per cogliere cosa realmente siete e pensate, non dovete temere il giudizio o il rifiuto, lo scherno o l'incomprensione. In un mondo omologante e che vuole subito il successo acquisito, questo è un passo che richiede molto coraggio.

Già, direte voi. Ma che cosa ho da dire di così nuovo che non sia stato già detto?

L'originalità, in televisione come nella vita, non risiede tanto in ciò che si fa, ma in *come* lo si realizza. È quello che ho tentato di trasmettere ai ragazzi dell'università a cui ho fatto il discorso riportato all'inizio di questo capitolo: mi piace parlare ai giovani, trarre nuova linfa dal loro entusiasmo e, magari, anche spiazzarli un po' con le mie domande.

Del resto, quello che spiego loro l'ho provato, l'ho sperimentato sulla pelle fin dall'inizio della mia carriera. Io, questo mestiere, l'ho cominciato per caso: non avevo mai avuto velleità artistiche, anzi mi sarebbe piaciuto intraprendere la strada diplomatica. Frequentavo la facoltà di Scienze politiche e un giorno un mio caro amico, Massimo Russo, che faceva l'attore, mi ha chiesto di accompagnarlo a fare un provino in via Teulada, alla Rai: cercavano un conduttore per un nuovo programma per ragazzi. C'era una bolgia di aspiranti presentatori, tutti con qualche rudimento di canto o ballo o recitazione; poi c'ero io, un pesce fuor d'acqua, capitato per caso e preso totalmente alla sprovvista quando un signore gentilissimo, Leone Mancini, vedendomi mi chiese: «E tu? Fai anche tu il provino, dai!».

Non lo sapevo allora: era il regista del programma, una persona molto distinta ma dall'aria nel complesso piuttosto buffa. Era come se sul volto avesse tutto quello che ci deve essere – naso, occhi e bocca –, però non esattamente al posto giusto: sembrava che su di lui avessero preso male le misure. Un Picasso! Comunque, mi convinse e raccontai un paio di barzellette.

Il risultato fu che il mio amico venne scartato, mentre io fui preso. Avrei dovuto condurre un programma per ragazzi insieme a Sandro Fedele e Marina Morra, si chiamava «3, 2, 1… contatto!»[*] e, per farlo, mi offrivano un milione di lire al mese, dodici in un anno. Ora, nonostante non avessi mai visto tutti quei soldi, onestamente a me di fare la tv non importava un fico secco perché volevo continuare serenamente la carriera universitaria. Fu mio padre a intervenire, con il suo savoir-faire: «Sappi che si nun ce vai, te pijo a carci in culo a due a due finché nun diventeno dispari».

Ecco un'argomentazione a cui non avrei saputo controbattere. Accettai. E vissi quell'esperienza con una

---

[*] Programma contenitore per ragazzi, trasmesso da Rete 1 per due stagioni, tra il 1979 e il 1981. Bonolis ha condotto la seconda edizione. Il venerdì si chiamava «Game».

leggerezza assoluta, senza prenderla troppo sul serio. Per un insieme di circostanze, lasciammo la Rai e finimmo sulla Quinta Rete, che poi venne assorbita dalla Fininvest e diventò Italia 1. Imparai un'altra lezione: nella vita devi essere bravo, devi impegnarti, non devi avere paura, ma ogni tanto ci vuole pure un po' di culo. E io devo ammettere che sono stato una persona estremamente fortunata: anche quando c'era un attimo di bonaccia, a me arrivava sempre di poppa.

Infatti, il programma per ragazzi che conducevo passò nelle mani del capostruttura Fininvest Alessandra Valeri Manera, che tenne solo me come conduttore e mi affidò «Bim Bum Bam»* insieme a Licia Colò e a un pupazzo rosa, Uan (perché la rete era Italia 1). Fu un passaggio importantissimo nel mio modo di fare televisione: anzitutto perché incontrai il regista, Stefano Vicario, a cui sono rimasto legato tutta la vita e con cui ho confezionato programmi importanti, e poi perché cominciai a esprimere la mia unicità di conduttore, nel bene o nel male, assumendomi tutti i rischi del caso.

I testi di «Bim Bum Bam» erano di Lidia Ravera, bravissima scrittrice, autrice e giornalista, che però utilizzava un linguaggio sdolcinato per parlare ai bambini e a me proprio non si confaceva. Presi coraggio e, insieme a Giancarlo Muratori, voce di Uan, attore e uomo

* Programma contenitore per bambini e ragazzi trasmesso nella fascia oraria 16,00-18,00 su Italia 1 e Canale 5 dal 1981 al 2002, condotto da Bonolis fino al 1990.

formidabile, andammo a chiedere alla signora Valeri Manera di poterci scrivere da soli le nostre interazioni. Il programma non stava andando benissimo, quindi non trovammo grosse resistenze; lei ci disse di provare per una decina di giorni.

Ho sempre pensato che ai bambini si debba parlare con termini adeguati alla loro età, ma in una maniera normale, senza troppi birignao. Anzi, aggiungendo pure quella dose di cattiveria che ai piccoli piace. Almeno, a me piaceva da ragazzino quando, guardando i cartoni animati della Warner tipo *Willy il coyote*, *Tom e Jerry*, *Yoghi e Bubu*, c'era sempre quello che cadeva o il fesso che rovinava tutto, il cattivo che faceva sgambetti e trabocchetti.

Fra l'altro, questo permette al pubblico più giovane di leggere facilmente, mentre si diverte, una realtà manichea: da una parte c'è il buono e dall'altra c'è il cattivo, esistono la generosità come l'avidità, il coraggio ma anche la pavidità. Il piccolo spettatore comincia a rendersi conto che queste figure gli somigliano, ma le vede lì trasformate in maniera buffa e si diverte.

Insomma, ho cominciato a fare cose che nessun conduttore prima si era azzardato a inscenare, tipo schiacciare i puffi, che mi sono sempre stati antipatici, e gli ascolti intanto schizzavano alle stelle.

Da allora in poi ho sempre cercato di fare a modo mio, non per presunzione ma perché mi viene più facile e spontaneo essere autore di me stesso. Mi è capitato di cambiare diverse cose, perché il vestito che stavo indossando in quel momento, cioè la trasmissione, doveva appartenermi, doveva "cascare" bene. Un abito che non fosse della mia taglia mi renderebbe goffo, così come diventerebbe goffo tutto il racconto che ne seguirebbe.

Certo, ora è più facile per me gestire tutto questo, perché posso scegliere i programmi da fare, anzi li posso ideare direttamente io, in modo che mi appartengano fino in fondo e rispecchino ciò che desidero raccontare. Ma anche quando non avevo tutta questa "libertà", a dire il vero me la sono presa lo stesso, con le possibili conseguenze che avrebbe eventualmente comportato questo atteggiamento.

Il programma «Beato tra le donne»[*] ne è un esempio piuttosto evidente. Il format (ovvero l'idea, la struttura) era tedesco ed era stato venduto alla Rai da una casa di produzione australiana, la Groundy, con l'accordo che la conduzione sarebbe stata affidata a Renato Zero. Il giorno in cui il capo di questa casa di produzione arrivò da Sydney, atterrò con due ore di anticipo e venne quindi portato a fare un giro per gli studi. Io ero in diretta con

---

[*] Varietà estivo trasmesso da Rai Uno dal 1994 al 1995 e di nuovo nel 2003; da Canale 5 per altre quattro edizioni tra il 1996 e il 2000. La trasmissione consisteva in una serie di prove a eliminazione tra giovani uomini, al termine delle quali i concorrenti si posizionavano sul bordo di una piscina e, in base al voto delle 200 giurate presenti in studio e al televoto, passavano il turno o erano eliminati. In questa fase entravano le "Spintarelle", vallette che baciavano il concorrente o lo spingevano in vasca a seconda dell'esito della votazione.

«I cervelloni»* e ricordo di aver notato un omone, accanto alla camera 2, che mi osservava con attenzione a braccia conserte. Andò a finire che l'australiano disse: «Se facciamo la trasmissione, la deve condurre quel ragazzo lì».

Visto? Aereo in anticipo... e fortuna. Decisamente fortuna.

Regista e autore di «Beato tra le donne» era Pier Francesco Pingitore: rigoroso e serio, mi aveva scritto un copione di puntata più alto del Talmud, dove c'era tutto, dal buonasera iniziale all'arrivederci finale. Imparai solo le battute che dovevo rivolgere agli altri attori del cast, mentre per il resto feci di testa mia.

Alla fine della puntata, bussarono al mio camerino. Era Pingitore. Restando sulla soglia e fissandomi negli occhi, mi disse: «Lei non ha detto una sola parola di quello che ho scritto io». «Non sono capace di ripetere tutto a memoria, ho fatto di testa mia, le chiedo scusa.» La sua risposta: «È stato molto meglio così. Ci vediamo dopodomani». E siamo diventati amici.

La ragione di quella che può sembrare una sconfinata fiducia nei propri mezzi è in realtà una chiara idea dei limiti e, soprattutto, la dimostrazione che non occorre essere dotati di una personalità spiccatamente eccentrica: basta non aver paura della propria. Credo valga per

---

* Talent show andato in onda dal 1994 al 1998 su Rai Uno, nel quale erano poste in gara delle invenzioni. Bonolis ha condotto le prime tre edizioni, mentre le ultime due hanno visto Giancarlo Magalli alla guida della trasmissione.

qualsiasi mestiere: non bisogna temere di essere un paria, perché ognuno di noi è unico e irripetibile. Per questo mi dà molto fastidio l'"accademismo": l'ortodossia e insieme l'ipocrisia dell'atteggiamento. Lo rifiuto in generale e soprattutto nel mio lavoro.

In fondo, i personaggi televisivi che rimarranno nella memoria hanno espresso ognuno la propria personalità, anche se in modo più castigato e sobrio di quanto si tenda a mostrare oggi. Baudo è sempre stato Baudo quando faceva le sue trasmissioni: non si vestiva da conduttore televisivo. Arbore è Arbore e non ha mai fatto trasmissioni che non gli corrispondessero. Corrado era Corrado. È facile accorgersene.

Allo stesso modo, ricordo un attore famoso come Alberto Lupo a condurre una «Canzonissima» che non mi piacque, perché Lupo non era un conduttore, era un attore che stava interpretando il ruolo del conduttore: si trattava di un'interpretazione elegante, certo. Garbata. Ma non era se stesso. E la televisione non richiede che tu reciti.

Il primo quiz che ho condotto fu «Doppio Slalom».[*]

---

[*] Quiz per ragazzi andato in onda su Canale 5 dal 9 settembre 1985 al 28 dicembre 1990, condotto da Bonolis solo nel 1990, quando subentrò a Corrado Tedeschi. Due squadre, la blu e la gialla, dovevano colorare del proprio colore le caselle di un tabellone che contenevano, a rotazione, le ventisei lettere dell'alfabeto. A ogni casella corrispondeva una domanda, la cui risposta iniziava con la lettera presente sulla casella. Vinceva la squadra che per prima riusciva a disegnare uno "slalom", della lunghezza minima di quattro caselle, dall'alto verso il basso.

Ero reduce da «Bim Bum Bam» e, a dire la verità, avevo chiesto direttamente a Berlusconi, durante una sua visita in azienda, se potesse prevedere qualcosa di diverso per me dopo anni di programma per ragazzini. Mi rispose: «Mi ricorderò. Lei mi piace, mio figlio PierSilvio la guarda». Fu di parola.

Anche a «Doppio Slalom» ho sovvertito un po' le regole del gioco. O meglio: ho cominciato a giocare veramente, perché quando da spettatore guardavo i quiz avvertivo sempre un "freno tirato". C'erano un'ortodossia e un'educazione che, a fronte di determinate situazioni, mi sembravano assurde. Ricordo, ad esempio, un concorrente che scelse le lettere M e D; la definizione da indovinare era «Celebre quadro del Goya». Mi rispose: «*La mona desnuda*». Come avrei potuto soltanto dire: «No, è sbagliato, passo alla domanda dopo»? Ma se mi dai una risposta così, io voglio capire chi sei, da dove vieni, come ti è venuta in mente "la mona desnuda" invece di *La Maja desnuda*... te si veneto?

Ho cominciato a divertirmi e a divertire attraverso queste incespicature culturali. Me n'è rimasta impressa una in particolare, successa durante la trasmissione «Urka». Domanda di cultura generale: «Lo incontrò Mosè sul monte Sinai». Risposta: Saronni.

Erano appena finiti gli anni del dualismo tra Moser e Saronni, per cui il concorrente deve aver capito Moser e credo che abbia immaginato il monte Sinai come una delle tappe di montagna del Giro d'Italia. Nella mia testa si configurò l'immagine di Charlton Heston, così come appariva nel film *I dieci comandamenti*, coi capelli elettrizzati bianchi e neri, fulminati, con questa parrucca che lo faceva sembrare Don King, che scende portando con sé le tavole della Legge. Poi, mentre guarda verso il basso la folla del popolo ebraico con gli occhi puntati su di lui, scorge passare in mezzo 'sta maglia ciclamino de Saronni, che si guarda intorno un po' perso ed esclama: «Ma 'ndo' so' annato? Mi sa che ho sbagliato strada...».

Ecco. È su queste cose che ovviamente si gioca.

Come quella volta in cui ricevetti la telefonata di una signora che, avendo ascoltato un inno nazionale, doveva indovinare che era quello dell'Australia. Era oggettivamente una domanda difficile. «Signora, ha capito di quale Paese fosse l'inno?» «No.» «Guardi, la aiuto. È l'inno del Paese dove vive l'animale con la borsa... che animale è?» Silenzio. Poi prova: «Leono?». «No, signora. Non ce lo vedo il re della foresta con la borsetta. Riprovi!» E così è partita con una serie di animali («eliofanto», «zepra» e simili) che, ovviamente, non c'entravano nulla. Dopo una decina di minuti, abbiamo raggiunto una specie di compromesso, arrivando a formulare la parola «canghr», che sembrava un po' il codice fiscale della bestiola per come la signora la pronunciava. «Bene! E dove vive il canghr?» «Ahhh! In Australio!» «Noooo! Non è in Australio.» «Come no?» «Signora, mi segua e si fidi: in Australio vivono gli uomini. E se gli uomini vivono in Australia, le donne dove stanno?» «A casa.»

Non ci si possono far sfuggire queste perle! Perché in fondo, al di là della vicinanza umana, che il concorrente vinca diecimila euro o cinquantamila, non cambia molto. La finalità dell'intrattenimento è prima di tutto divertire. È così che nasce «Avanti un altro!»[*]: leggerezza, ironia e, per il ritmo, un concorrente via l'altro.

Ovviamente si può mettere se stessi in qualsiasi prodotto che si propone: bisogna però sapersi adattare alle diverse tipologie di programma che si affrontano. Io tendo a adattare un po' la postura in base a ciò che conduco, ma non cambio certo la mia natura, è questione di coerenza.

Mi sono commosso tante volte al «Senso della vita», ma non perché lo dovessi o lo volessi fare: era una reazione spontanea rispetto a un racconto che mi aveva colpito e non necessariamente accadeva lo stesso di fronte a testimonianze strazianti, a cui certo partecipavo emotivamente, ma che magari non impattavano su di me con la stessa forza.

La base del mio lavoro, secondo me, è la sincerità. Quando dico, durante il défilé di «Ciao Darwin», «Se ne va via schiappettando», non ritengo sia una notazione volgare né morbosa. Do solo voce a quello che tutti vedono inquadrato: un posteriore che si muove.

Questa onestà è la giusta guida anche nella scelta di ciò che si vuole raccontare. Lo dico nell'incipit della

---

[*] Programma a premi ideato da Bonolis e Stefano Santucci trasmesso su Canale 5 dal 2011 nella fascia preserale, dalle 18,45 alle 19,55.

lezione: ci deve essere una ricerca personale che permetta di affrontare discorsi che interessano *in primis* colui che li propone, che gli appartengano. Il pubblico lo sente e lo apprezza.

Quando ho fatto «Domenica In»[*], dovevo contrastare i grandi ascolti della «Buona Domenica» di Costanzo. Mentre dall'altra parte c'era una gran caciara, si proponevano i cangurotti e i trenini, io mi sono detto: "Con quattro ore e mezzo a disposizione, sono sicuro di non poter affrontare temi anche importanti che mi stanno a cuore?".

Avevo letto un libro di Wu Ming[**] (non ricordo il titolo) in cui si parlava, fra le altre cose, delle decisioni prese al secondo Forum internazionale sull'acqua dell'Aja nel 2000. Alla conferenza parteciparono i rappresentanti di centoquaranta governi, importanti organizzazioni non governative ed esponenti del mondo economico e si giunse alla conclusione che l'acqua non fosse più un diritto ma un bisogno. Quindi si passava dalla "gratuità" alla "necessità di acquistarla". Venne aperta, in maniera celata, una nuova vena di mercato. Come si diceva a *Carosello*, «Basta la parola»!

Invitai in puntata Riccardo Petrella, un signore che

---

[*] In onda su Rai Uno dall'ottobre del 1976, si tratta del contenitore domenicale più longevo della televisione italiana, giunto alla quarantatreesima edizione nel 2019. Bonolis ha condotto la ventottesima edizione, nel 2003-2004.
[**] Collettivo di scrittori attivo dal 2000.

aveva scritto un saggio sull'acqua, e durante il suo intervento arrivarono oltre trecentomila fax di persone che volevano saperne di più. Questo significa che, se li si toccano con la giusta leggerezza, si possono trattare e approfondire argomenti che hanno colpito la tua naturale e personale curiosità anche quando sono tosti, seri e apparentemente inadatti a un pubblico che cerca relax la domenica pomeriggio.

Certo, sono risultati che si ottengono anche grazie alla tecnica, cioè al mestiere, all'uso di tutti quegli accorgimenti che potrebbero sembrare un corollario alla sostanza dell'idea, ma che in realtà non lo sono.

Quali? Uno su tutti è la scenografia. Quando si costruisce una scena azzeccata, in chi guarda scatta un senso di benessere che, indipendentemente da ciò che si racconta, lo fa restare sintonizzato. Non credo sia una reazione razionale, ma dovuta al fatto che ha percepito una sensazione piacevole.

Quando ho avuto la possibilità di fare Sanremo, nel 2005 prima e nel 2009 poi, sono riuscito a "disegnarlo", nei contenuti come nella forma. Desideravo fosse una vetrina per tutti i palati, che ci fosse densità ma anche leggerezza; per tentare di raccontare ogni canzone in modo originale, grazie alla scenografia di Gaetano Castelli abbiamo creato un muro di led, il cosiddetto "ledwall", su cui far scorrere qualsiasi immagine. Era la prima volta che ogni canzone sarebbe stata avvolta da una rappresentazione mirata e accompagnata da una narrazione specifica.

Riportai l'orchestra nel cosiddetto golfo mistico, ovvero nella buca davanti al palcoscenico. Mi ricordava l'immagine dei musicisti nel film *Fantasia* di Walt Disney, bellissima e piena di magia. Ebbi molta libertà di esprimermi, e tutto grazie al sostegno di Fabrizio Del Noce, allora direttore di Rai Uno, che mi supportò anche quando il parere di alcuni dirigenti dell'azienda era contrario ad alcune mie scelte.

Ricordo ancora con che trepidazione aprii la serata sanremese: azzardai molto, uscendo sul palco a dieci minuti dall'inizio del programma, perché prima avevamo preparato un video, mostrato proprio nel ledwall. Cominciava con la sigla dell'Eurovisione, seguita dall'immagine di una sonda spaziale, il *Voyager*, che portava con sé un disco d'oro, su cui erano incise molte caratteristiche della vita sulla Terra.

Il testo che accompagnava le immagini spiegava il senso di quella "missione": mostrare che, fra tutte le forme, le lingue e i suoni della Terra, c'era anche la musica. A quel punto, il video sfumava e Paolo Carta, sulla scalinata centrale, attaccò l'inno di Mameli con la chitarra elettrica mentre dietro di lui, sul ledwall, comparve un gigantesco tricolore. Piacque. Applaudirono. Avevamo rotto un protocollo ma segnato quel festival con il nostro vestito e non con quello d'ordinanza.

In sala, a quel punto, ci fu il boato. E io entrai con molta più sicurezza rispetto a dieci minuti prima.

Me la so' rischiata? Sì, può darsi. Ma alla base di tutto,

c'è una condizione essenziale che mi ha guidato nel corso della carriera: non me ne frega niente. Intendo dire che faccio con onestà quello che sento e, se non funziona, amen. Non è un dramma. Neanche se dovesse significare la fine di questo lavoro. In fondo, in questo mestiere mi ci sono ritrovato per caso. Sono felice che mi sia capitato, ovviamente, e che mi dia possibilità molteplici di espressione e grandi soddisfazioni, ma se da domani non ci fosse più non sarebbe una tragedia. Sono convinto che potrei adattarmi a fare dell'altro, la prenderei come una nuova sfida. E non è perché parlo "con la pancia piena", cioè con la sicurezza economica di oggi. La pensavo allo stesso modo anche trent'anni fa.

Paura? No, mai. Anzi, sì. Ma non per il lavoro. Ho avuto paura "durante" il lavoro: per la mia vita!

Presentavo un programma per Canale 5, mi sembra di ricordare «Natale al circo»[*], in cui ogni artista televisivo doveva prestarsi a fare un numero circense. Siccome nessuno voleva interagire con le tigri – e forse lì mi sarei dovuto porre delle domande –, chiesero a me di farlo. Mi dissero che nella gabbia sarei stato vicino a Stefano Nones, il famoso domatore figlio di Moira Orfei. Per sicurezza, avrei dovuto "incontrare" le bestiole il giorno prima, così da abituarci reciprocamente l'uno alle altre.

Accettai. Se una cosa è strana, mi piace farla.

---

[*] Edizione speciale del programma «Sabato al Circo», varietà andato in onda dal 1989 al 1993 su Canale 5, Rete 4 e Italia 1. Bonolis ha condotto la prima edizione.

Ora: vedere le tigri quando sei fuori dalla gabbia è una cosa. Quando attraversi il sottile confine del cancelletto e te lo chiudono alle spalle, ti rendi conto che non c'è più margine e tutto cambia. Quelle belve ti sembrano molto più grosse, sebbene la distanza non sia cambiata di molto. Hanno delle capocce enormi, quando aprono la bocca mostrano zanne gigantesche; ogni zampa è così grossa che, se ti dessero un colpetto, ti staccherebbero la testa in un secondo; la tigre più piccola pesa trecentocinquanta chili.

Stefano Nones, prendendomi sottobraccio, mi fece fare la conoscenza ravvicinata di tutte e sette le sue creature, che simpaticamente mi alitarono addosso, e infine provammo il numero vero e proprio, che avremmo fatto l'indomani.

Si trattava in sé di una cosa semplicissima: dovevo stare con un cerchio in mano, tenerlo in alto tra due pedane e le tigri sarebbero passate, saltando nel cerchio, dalla prima pedana alla seconda.

«Se ti fa impressione chiudi gli occhi.»

Li chiusi.

«Ah» aggiunse Stefano, «la seconda tigre, quando salta, fa una cosa tipo *aaahhhh*, una specie di sfiato. Per cui ti accorgi che è passata. Le altre, non ti preoccupare, passano una dietro l'altra.»

Facemmo la prova e filò tutto come aveva spiegato Stefano. Pensai: facile, si può fare. Arrivò la sera della diretta televisiva. Come spesso accade, i tempi previsti non vennero rispettati, quindi le gabbie vennero montate rapidamente durante un'interruzione pubblicitaria e le tigri furono spinte dentro con dei bastoni, per far prima. Questo le innervosì. Quando entrai avvertii un po' di inquietudine, ma la presenza di Stefano mi faceva sentire tutelato.

Presi il cerchio, mi misi in posizione, chiusi gli occhi. Partì la musichetta. Non succedeva niente. Decisi di aprire gli occhi: mi sono ritrovato la faccia della tigre davanti alla mia, a fauci spalancate, che mi sfiata: *aaaaahhhhhh*!

Non so, non credo ci sia un modo più elegante per dirlo: mi sono cagato addosso.

Intervenne Stefano, per rimandare la tigre al suo posto. Vidi entrare Moira Orfei che urlava: «Spegnete i monitor, spegnete i monitor che le tigri sono nervose». "Oh cazzo", dissi io dentro di me. Mi girai dall'altra parte e scorsi il marito con in mano lo schioppo. Tutto questo mentre stavo conducendo, quindi dovevo fare lo sciolto.

Stefano mi chiese: «Vuoi ritentare?». E io «Ste'... voglio ritentare?». «Sì, sì, vedrai che adesso andrà tutto bene.»

Stessa scena: io col cerchio, musica in sottofondo. «*Aaahhhh*.» Mi presi la seconda sfiatata in faccia da parte della tigre, mentre le altre intanto scendevano dalla propria postazione. Stefano a quel punto mi prese sottobraccio e mi disse: «Stai accanto a me, vieni piano che ora usciamo».

Io non so cosa dissi in quel momento al microfono. Devo aver bofonchiato qualcosa, ma non ricordo; mi sentivo completamente impotente di fronte a una situazione del genere.

Una volta portatomi fuori dalla gabbia, Stefano rientrò a fare il suo numero. Mi venne incontro Marco Luci (noto autore tv) tutto preoccupato, chiedendo: «Paolo, Paolo, ti sei spaurito?». Io, con vistose tracce di frenata nelle mutande, sono sbottato: «Ma vaffanculo! Altro che spaurito! Sono morto!». «Tieni!» disse porgendomi un bicchiere di whisky.

Di mio non bevo, figuriamoci i superalcolici! Ma tanta era l'agitazione che buttai giù tutto d'un fiato.

La parte più divertente, a quel punto, fu la conduzione di tutta la fase successiva del programma: ero ubriaco come una cucuzza. Preferite fuori come una grondaia? Un balcone? Non ero in me. Biascicavo. Dicono che fu molto divertente. Non ricordo.

Ridere sul serio

17 febbraio 2012

Una giornalista mi ha detto che mi sto buttando via con trasmissioni come «Ciao Darwin» o «Avanti un altro!». Nel suo pensiero sono prodotti troppo "stupidi" per una persona come me che lei ritiene «migliore dei programmi che fa».

Ovviamente non la penso così. Anch'io, come tutti, ragiono sulle cose della vita, leggo libri, viaggio, affronto con me stesso e con altri temi difficili e profondi, ma non penso che sia questo a rendermi una persona "migliore". Credo anzi che le persone migliori siano quelle che con la leggerezza sanno disinnescare molti problemi che assillano la nostra vita non dandogli tutta quell'importanza che troppo spesso gli concediamo. Il voler essere sempre alti e profondi nel pensiero e negli atteggiamenti è un atto di arroganza che rende tutto più pesante e rafforza il peso specifico di ciò che ci preoccupa, ci turba o ci affligge.

Quello che faccio con quei programmi è provare ad alleggerire o, meglio, addolcire questo "non senso esistenziale" che cerchiamo di comprendere e che alla fine è la benzina di buona parte delle nostre preoccupazioni. La cultura e la conoscenza sono e devono essere strade che portano alla serenità del sorriso.

Ho avuto il privilegio di conoscere persone di grande spessore intellettuale che nutrivano con la loro conoscenza una leggerezza di vita che le rendeva libere e utili. Ma ho anche incontrato molti che della loro cultura ne facevano solo un pesante vanto sociale in un'assenza di sorriso costante, come se il sapere potesse condurre solo verso un'altezzosa cupezza. I secondi sbagliano e rendono alla conoscenza stessa un pessimo servizio.

Amo chi sa sorridere nonostante tutto, amo la caparbietà di chi affronta la fatica di ogni giorno sapendo anche riderne. Le mie trasmissioni sono per questi ultimi. Un piccolo sostegno a chi vorrebbe essere sereno e talvolta non ce la fa.

Eccomi qua, sono il fanciullo nietzschiano che danza sull'abisso.

Mi piace immaginarmi piccolo, in bilico fra le contraddizioni della società, nel tentativo di raccontarle come so e come posso, attraverso i miei programmi. Con lo stesso spirito indagatore di quando, da bambino, sognavo di fare l'esploratore e, affascinato dall'ignoto, passavo le giornate guardando i documentari di Jacques Cousteau e leggendo le incredibili avventure di Jack London, Emilio Salgari e Jules Verne.

In fondo, la passione per la scoperta l'ho solo dirottata su altri territori, dacché una volta cresciuto mi sono reso conto che avevano esplorato già tutto il globo. Mi sono detto: "Allora indago un po' nell'animo umano, che non è soltanto una landa ancora incontaminata, ma oltretutto si rinnova costantemente".

Ecco perché sono stato tra i primi, dopo quello che si può considerare il vero "maestro", Corrado Mantoni, a lavorare sui "game people", le trasmissioni fatte con le persone normali e non con i professionisti dello spettacolo.

Quindi, ci sono ragioni profonde che mi portano a scegliere di fare un programma piuttosto che un altro. È per questo che mi incuriosisce molto il vizio della critica televisiva di "etichettare", mettere un bollino sulla fronte – in questo caso la mia – che decreti a quale genere preciso vadano ascritte le mie trasmissioni.

Nella fattispecie, per «Ciao Darwin» sarebbe il trash.

Un po' troppo semplice e sbrigativo.

La critica televisiva, secondo me, sarebbe davvero utile se sfociasse in un'analisi che illustri il perché di certi fenomeni, spiegando i successi e gli insuccessi.

Ho un pregiudizio: solitamente, il critico televisivo è una persona di elevato livello culturale che, chissà perché, tende spesso a percepire qualcosa di divertente come un prodotto poco degno. Un atteggiamento un po' miope e, in fondo, anche presuntuoso, ma del resto c'è molta presunzione nel voler giudicare. Forse perché il riso abbonda solo sulla bocca degli stolti? Ma per piacere! «Ciao Darwin», più che trash, è grottesco e semmai è un trash consapevole. È il mio modo per dire: questa è la realtà, ve la mostro in tutti i suoi eccessi, eccedendo anch'io, ma so che lo sto facendo.

Di fronte a questo messaggio, i più preferiscono condannare ciò che vedono piuttosto che specchiarcisi dentro.

A me fa molta più paura il trash involontario, quello di certe testate giornalistiche che mettono in piedi meccanismi attira-pubblico fuori luogo pur di fare ascolto. Spesso con crudo cinismo.

«Ciao Darwin» invece sembra essere compreso dal pubblico nella sua giocosità: gli ascolti parlano chiaro. Allora perché non chiedersi, da critico televisivo, come mai questo accada? Perché sia l'unica trasmissione che riesce a calamitare così tanta attenzione nelle nuove generazioni, quelle che la tv non la guardano praticamente più?

È che spesso la critica pensa di saperne anche più del pubblico. Lo trovo di una certa arroganza. Soprattutto perché, sebbene chi fa critica televisiva generalmente conosca molto bene la storia della televisione, conoscerla non significa farla: si può studiare storia dell'arte, esserne un esperto, ma non aver mai dipinto. Quindi, di fronte a un programma da giudicare, il critico in fondo è uno che "suppone" dal divano di casa propria, ma non sa. E, solitamente, lo fa anche con toni piuttosto aspri, duri, irrispettosi del lavoro delle persone che sono dietro a quella particolare trasmissione. Un po' più di garbo non sarebbe male, magari anche dell'ironia, per mostrare considerazione, al di là del risultato, per l'impegno di tutti.

Non credo che ci sia cattiveria nelle penne dei critici tv. Però ignoranza sì. Nel senso proprio che chi ha scritto ignora in massima parte o vuole ignorare il complesso lavoro di costruzione, ideazione e narrazione che un prodotto televisivo richiede.

Proprio per questo, a dire la verità non leggo più i trafiletti della critica; intanto perché bisogna cercarli nelle penultime pagine dei giornali, tra l'oroscopo e il sudoku, e poi perché mi è capitato di ricevere, su testate importanti, critiche così imbarazzanti che ho preferito lasciar perdere.

«Suda.» Ma che caspita di critica è? Sì. Sudo. Allora io non leggo l'articolo perché chi l'ha scritto è brutto...

Sarei pronto ad ascoltare una critica costruttiva, che andasse oltre il «mi piace» o il «non mi piace». Come si dice a Roma: «Così so' boni tutti». Mi si faccia un'analisi sincera, sostanziosa: altrimenti a cosa serve? Sono pronto ad ascoltare, anche se quello che mi si deve dire non è piacevole, purché sia intelligente e io ne riconosca l'utilità.

Non molto tempo fa un critico, forse pensando di colpirmi particolarmente con la sua osservazione, ha detto: «Bonolis non entrerà mai nella storia della televisione».[*] Ma io non lavoro mica per quello!

Per un altro verso, io capisco quel critico e penso abbia ragione: come tutti noi, del resto, ha una visione soggettiva della tv e della sua storia. Quando questa scatola magica è entrata nelle case della gente, e insieme a lei sono entrati anche quelli che per primi l'hanno animata, tutto ciò che accadeva era stupore, una specie di miraco-

---

[*] *Nota di Manuela D'Angelo*: «Signor giudice, mi oppongo!» La bambina che c'è in me e che seguiva Paolo, anzi "Piolo" come lo chiamava il pupazzo Uan ai tempi della trasmissione "Bim Bum Bam", si erge contro l'affermazione del critico. Per quelli della mia generazione, Bonolis la sua parte, nella storia della televisione che conosciamo, mi sembra proprio che l'abbia fatta. Eccome.»

lo. I sacerdoti di quel prodigio, quei pionieri, resteranno necessariamente nella mente e negli occhi di tutti, perché sono stati i primi. Come ci si ricorda di Neil Armstrong e dei suoi passi sulla Luna, ma non si rammentano i nomi di quelli che hanno compiuto la stessa impresa dopo di lui, così è giusto che entrino nella storia Corrado, Mike Bongiorno, Pippo Baudo, Raffaella Carrà e tutti gli altri di quell'epoca.

Probabilmente sono stati loro le icone per quel critico, quando era giovane, e su di essi ha costruito il suo interesse per il mezzo televisivo; oggi guarderà invece ai programmi e ai personaggi protagonisti dei palinsesti con molto meno entusiasmo e attenzione.

È una questione generazionale.

Ad esempio, io ricordo perfettamente come rimasi folgorato, da piccolo, da una scenetta interpretata da Raimondo Vianello. Non so più di quale trasmissione si trattasse: siamo probabilmente agli inizi del Novecento, lui si trova in mezzo a un gruppo di fanciulle deliziose vestite tutte in bianco. Corre in maniera un po' scomposta fra loro che, a un certo punto, lo bendano per giocare a mosca cieca; lui cerca di prenderle con festosa malizia. Pian piano si allontana, le cerca ma non c'è più nessuno. C'è solo lui, che vagabonda bendato finché tocca un muro, si gira e si sente: «Puntat», «Caricat», «Fuoco!», e lo fucilano. Ma come gli è uscita questa cosa? Perché c'era un plotone d'esecuzione lì, che aspettava un incauto bendato, per fucilarlo?

L'ho trovato geniale. L'ironia cinica, l'umor nero di Vianello mi hanno sempre affascinato e, com'è risaputo, non era qualcosa di recitato a beneficio delle telecamere. Lui era proprio così.

Un giorno Pippo Baudo mi raccontò che era andato a trovare Raimondo e Sandra perché lei aveva una profonda depressione ed erano parecchi mesi ormai che viveva chiusa in casa. Pippo cercò di distrarla un po', chiacchierarono e poi disse a Raimondo: «Però esci un attimo, andiamo a prenderci un caffè, non puoi stare qua barricato tutto il giorno con tua moglie, diventi matto!». Uscendo dal palazzo, Vianello passò davanti alla portineria, si avvicinò al portiere e gli fece: «Oh, guardi... se viene giù qualcosa... è roba mia!». Io, il suo disincanto in una situazione così difficile, la forza di smorzare il dolore con una risata un po' "cattiva", li trovo magnifici.

Un'altra volta, al «Costanzo Show», Maurizio gli chiese: «Raimondo, ma tu ti risposeresti?». «Mille altre volte, mille altre volte» rispose. «Molto bello questo» gli fece Costanzo. «Ma mica con lei!»

Un uomo capace di queste risposte è necessariamente un punto di riferimento per me, fa parte della mia personale storia della tv e anche del mio percorso formativo: se nella professione è importantissimo essere se stessi, di sicuro quello che sei viene influenzato e plasmato grazie alle cose e alle persone con cui vieni a contatto. Vianello era senz'altro uno di quelli a cui mi sento, indegnamente per carità, vicino. E sono riuscito anche a incontrarlo.

Trattandosi di lui, non poteva che succedere in un posto e in un modo poco ortodossi: la toilette. Eravamo al Teatro Nazionale di Milano, durante la serata in cui andavo a ritirare il primo Telegatto che vinsi con «Bim Bum Bam». Mentre facevo pipì all'urinale, mi accorsi di avere accanto proprio Raimondo Vianello. Mi guardò e disse: «Ah, Bonolis, la prima volta che ci si incontra! Vabbe', non sarà il caso di stringersi la mano, vero?».

Certo, non con tutti i miei "riferimenti" l'approccio è stato così piacevole. Almeno all'inizio. Così fu con Corrado Mantoni, un vero signore della televisione, che con «La Corrida» ha portato sullo schermo un progetto per la prima volta senza copione, perché il conduttore non sapeva chi sarebbe salito sul palco, quindi non poteva preparare prima ciò che avrebbe detto. E non lo sapeva perché si trattava di persone comuni. Che è esattamente il "game people" a cui facevo riferimento prima, nato con Corrado e senza dubbio alla base del mio «Ciao Darwin», ma anche di «Avanti un altro!» e di diversi altri programmi e quiz che ho condotto.

Ebbene, con Corrado ho lavorato molto perché il programma «Tira & Molla» lo aveva scritto lui, ma all'inizio non avemmo il successo che ci si aspettava, essenzialmente perché era stato concepito per una conduzione che non mi si confaceva, era piuttosto cucita su di lui. Ero più giovane e, con la forza della mia convinzione, ma anche un po' con la mia mancanza di pudore, andai da Corrado e da sua moglie Marina per dire loro che gli ascolti erano scarsi e che bisognava pensare a una presentazione meno ortodossa per un "cavolo" di giochino come quello.

Fui troppo brutale e ne seguì una discussione piuttosto accesa, eppure Corrado alla fine mi disse: «Vabbe', fa' un po' come te pare. Per un mese, è in mano tua. Poi vediamo chi di noi due ha ragione». Mi presi un bel rischio, ma non me ne sono mai preoccupato troppo e accadde che una trasmissione che doveva essere chiusa divenne invece un cult televisivo, con quasi il 35% di ascolto.

Corrado riconobbe di essersi sbagliato, mi fece i complimenti e mi abbracciò, dicendomi: «Avevi ragione, non mi sono reso conto». Fu un momento importante.

L'altro mostro sacro dei quiz, quello che inevitabilmente tutti coloro che fanno il mio mestiere devono avere ben presente – fosse anche solo per discostarsi dallo stile istituzionale, perché lui *era* l'istituzione – è Mike Bongiorno. L'incontro con Mike fu divertentissimo.

Ero uno dei tre ospiti in una puntata speciale della «Ruota della fortuna», in diretta. Fin dall'inizio, Mike sbagliò il mio cognome: continuava a chiamarmi «Bonomi». «È qui con noi Paolo Bonomi... Dunque, sentiamo Paolo Bonomi... è il turno di Paolo Bonomi...». Allora gli feci presente che c'era un errore: «No Mike, Bonolis». «Eh no, eh! Io qui c'ho scritto Bonomi, eh.» «Sì, ma lo saprò come me chiamo!» Ovviamente, risero tutti.

C'è un altro che in televisione ha portato tante novità, espressive e tecniche, e non viene forse tenuto nella giusta considerazione probabilmente per il suo modo poco convenzionale di condurre, ma che per me è stato foriero di molti spunti e suggerimenti: Gianfranco Funari.

Da lui ho preso l'avvicinamento anche eccessivo alla telecamera e l'idea di farmi passare in diretta le telefonate senza filtro: senza guizzi come questi, episodi come quello dei fratelli Capone* non ci sarebbero mai stati.

Sempre da Funari, per esempio, ho mutuato la prossemica di «Ciao Darwin»: in una trasmissione sulla politica, schierava due gruppi di persone in due tribune che si fronteggiavano. E così ho ripreso l'immagine di queste due masse che si contrastano, per criticare in maniera ludica la volontà antinomica del potere, il cosiddetto *divide et impera*, fra l'altro seguendo una logica ben precisa e che fa riferimento ai princìpi dell'evoluzione della specie. La critica che mi rimprovera mancanza di spessore in questo programma dovrebbe riflettere invece sul fatto che non ha ravvisato questi due binari dove corre il giocoso trenino dello spettacolo.

Sempre in «Ciao Darwin» la prova di canto e il défilé altro non sono che l'imitazione di quello che fanno molte

---

* *Nota di Manuela D'Angelo:* Il 1° aprile 1998, durante la trasmissione «Tira & Molla», Paolo ricevette una telefonata diventata epica per quanto si rivelò esilarante. È ancora facilmente rintracciabile on line: due fratelli chiamavano per rispondere alla domanda: «Chi ha scritto, nel 1628, *Come imparare a suonare la tromba?*». Al «Pronto, chi è?» di Paolo, fece eco un «Prondo, sono Andonio». «Benvenuto!» «A lei». Il resto è ormai storia. Della comicità.

specie in natura per attirare la compagna e riprodursi, come il pavone quando fa la ruota per attirare la femmina.

«A spasso nel tempo» rappresenta il collasso temporale: allo stesso modo in cui un meteorite ha causato l'estinzione dei dinosauri, quale dei due gruppi presi in esame sopravviverebbe in caso di un nuovo sconquasso, come un cronosisma? Il «Genodrome» e la prova di coraggio, lo capite da soli, richiedono caratteristiche fondamentali per la trasmissione dei propri geni. Le domande finali, invece, contengono la conoscenza necessaria alla sopravvivenza mentre l'acqua che sale nel cilindrone rappresenta il liquido amniotico dell'utero materno: chi non supera la prova ne viene inglobato.

Il tutto di nuovo vissuto per divertire ma al contempo per guardarci e specchiarci nelle nostre follie comportamentali, sociali e del pensiero.

C'è sempre un senso nell'insensatezza del racconto generale. L'impatto ludico è così fragoroso che sembra impossibile che alle sue spalle ci sia un pensiero "più intenso". Eppure, in occasione per esempio della puntata «gay contro etero», alla fine della registrazione gli etero mi sono venuti incontro dicendo: «Questi so' come noi!». E vorrei vedere! Per quanto mi riguarda, il mio obiettivo lo avevo raggiunto. Se il messaggio che si vuole inviare non viene percepito a livello razionale, ma viene "sentito", a me va bene lo stesso. Con buona pace della critica. Penso che il sorriso faccia metabolizzare meglio il pensiero.

Certo, ogni tanto c'è stato anche qualche insuccesso. Ma non ho bisogno del trafiletto sul giornale per accorgermene. È un'eventualità che metto semplicemente in conto, l'altra faccia della medaglia. L'errore va analizzato, sicuramente mi dispiace averlo commesso, ma non mi turba più di tanto. Solo chi fa può sbagliare.

Semmai devo capire cosa ho sbagliato, se ho scelto un aspetto da raccontare che non era interessante o se l'argomento era giusto ma l'ho narrato male. In questo la critica potrebbe, anzi dovrebbe essere d'aiuto, mettendoci attenzione, perché come diceva Ego nel film *Ratatouille*: «C'è molta più anima in un prodotto scadente che in una qualunque critica, anche la più eccelsa».

Di contro, anche il successo è relativo. Penso che la gente dovrebbe stare calma e prendersi un po' meno sul serio, tenendo ben presente che quello che si fa a qualcuno piace e a qualcun altro no. Una volta, durante un'intervista, mi hanno chiesto: «Che ne pensa dell'incredibile successo di "Affari tuoi"?* Ma si rende conto? Il 45% di share! È un successo stratosferico!». Ho risposto con un paradosso: «Sì, mi sembra una cosa venuta bene. Però, se ci pensa, in percentuale sono di più quelli che non ci hanno guardato rispetto agli altri».

* Gioco a premi andato in onda su Rai Uno dal 13 ottobre 2003 al 17 marzo 2017 tra le 20,30 e le 21,00-21,15. I concorrenti dovevano scegliere un pacco chiuso, eliminandone altri, all'interno del quale era contenuto un premio in denaro. Bonolis ha condotto le prime due edizioni.

Fra le tante critiche che mi muovono, c'è anche quella del parlar veloce. Sarei entrato anche nel Guinness dei Primati per numero di parole pronunciate in non so quanto tempo. Sciocchezze. In realtà, io parlo in funzione di quello che devo raccontare e in base al tempo che ho a disposizione. E poi, da quando mi sono potuto permettere di scrivere tutti i miei testi, ho sempre lavorato sul concetto della "pezzatura breve". Cerco di creare piccoli frammenti di trasmissione e di cambiare quasi sempre lo scenario, pur rimanendo su una coerenza di racconto; per questo si ha la sensazione di una narrazione frenetica, veloce. In realtà accadono solo molte cose.

Ci tengo che sia così, in parte perché credo che rispecchi i tempi che corrono e poi perché, se una fase della trasmissione magari per qualcuno è poco divertente, lo spettatore sa che a breve accadrà qualcos'altro che potrebbe divertirlo.

È in base a questa logica che lascio che Luca Laurenti appaia solo ogni tanto, per quanto meriterebbe molto più spazio: lui è l'imprevedibilità fatta persona e questo dà origine a un'aspettativa. Inoltre con lui si creano dei momenti in cui ci sganasciamo dalle risate, tanta è la sintonia.

Una volta credo si sia proprio sentito male dal ridere. Era il periodo in cui facevamo «Tira & Molla». La sera precedente a una registrazione avevamo visto il film *Totòtruffa '62* e quel giorno tra il pubblico c'era una signora che avevo scelto: era una donna di una certa età, non troppo avvenente, piuttosto bassa, che evidentemente indossava una parrucca. Nel corso della puntata l'accessorio le si era un po' spostato sulla testa e la signora purtroppo ricordava in modo imbarazzante Totò in una scena del film che avevamo visto. Non c'è stato verso: arrivato il suo momento, Luca non è riuscito a cantare. A telecamere spente, io l'ho guardato con aria di rimprovero e gli ho detto: «Ahò, devi cantare 'sta canzone!», e lui dopo un po' ha risposto a fatica, tra le risate che erano ormai diventate lacrime, me lo ricordo perfettamente: «O me levate 'sta vecchia da qua o nun je la faccio». «Ma intendi la signora?», gli ha chiesto l'assistente di studio. «Ma che "la signora", quella è Totòtruffa!» A quel punto, le risate sono diventate incontenibili per tutti e due, con buona pace della povera vittima. E che dovevamo fa'? Ancora oggi ogni tanto ci ricordiamo vicendevolmente questa storia e ridiamo come due ragazzini.

E a tal proposito: taluni criticano il mio modo scanzonato di relazionarmi col pubblico, con i concorrenti, insomma con le persone che popolano le mie trasmissioni. Eppure, le persone in questione sono sempre molto serene, decisamente più di quanto non pensino gli spettatori che si sgomentano. Il fatto è che, durante le puntate, ci divertiamo. E parte di quel divertimento è anche la presa in giro, che per altro non risparmia nessuno, me compreso.

D'altro canto, se una signora mi si siede con fatica in studio e, siccome le restano le gambe penzoloni, mi dice: «Eh, però avete le sedie troppo alte qui!», io non posso non risponderle: «Signora bella, non se ne abbia a male ma non sono le sedie a essere alte, è lei che sarà un metro!». È normale.

Il politicamente corretto ha distrutto la serenità del divertimento, secondo me. Perché non ti permette di superare le presunte difficoltà attraverso la leggerezza. La balbuzie, la bassezza, un dente mancante e cose simili non sono problemi seri, non vanno presi con gravità.

È la sofferenza che va rispettata, profondamente, mentre il difetto lieve non solo può, ma deve essere sdrammatizzato. Tanto, per quanto faccia finta di non vederlo, c'è comunque. Allora, almeno famose 'na risata! Anzi, così il difetto viene disinnescato, se non addirittura trasformato in una piccola bizzarria personale.

Vabbe', comunque di critiche ne ho ricevute molte e le ho sempre accettate, anche quando sono state sferzanti. Ma con quell'ironia che, smussando gli angoli, mostrava il rispetto. Tanto di cappello, signor Dipollina.

Altre volte non c'era ironia alcuna ma solo una ferocia gratuita, che più che colpire il destinatario le faceva apparire come anamnesi di irrisolti esistenziali del critico stesso.

Tutto è sensazionale

2 dicembre 2015

Agghiacciante, terrificante.

Da qualche anno è partita la corsa al superlativo. La notizia è shock, il fatto è sensazionale. Il gesto sportivo incredibile, il freddo è solo polare, il caldo è torrido. Lo spettacolo è meraviglioso e ogni situazione è straordinaria. Tutto è straordinario.

Da come ci viene raccontata la realtà, dovremmo ormai vivere ogni istante con gli occhi spalancati e la bocca aperta, avvolti da una sensazione di continua meraviglia o raggelante angoscia.

Sì, tutto è straordinario.

Ma perché sia straordinario, bisogna che da qualche parte ci sia pure dell'ordinario. Dove è finito? Forse il messaggio è: «Voi siete ordinari, le vostre piccole vite sono ordinarie. Non vi rendete conto che quasi non esistete? Seguite le *nostre notizie, guardate i nostri spettacoli, ascoltate i nostri ospiti, insomma concedetevi l'incredibile anche voi. Non soffocatevi nella vostra quotidiana irrilevanza.*

«Affacciatevi alle nostre finestre, comprate i nostri prodotti, noi vi offriamo tutto quello straordinario di cui avete bisogno perché la vostra vita abbia un senso.

«Attorno a voi c'è tutto quello che non siete capaci di essere o che è troppo pericoloso per voi? Tranquilli! Noi abbiamo le palle per portarvelo a casa. Coraggio, piccoli ovvi e fragili umani, comprate le nostre meraviglie...»

Se lo guardi con distacco, è anche molto divertente. In fondo, le notizie una volta venivano date, mentre oggi sono vendute, hanno mercato... Bad news, good news...

È la dose che fa il veleno.

È così che funziona oggi l'informazione: è un prodotto da vendere. E poiché in questo mercato ci sono molti venditori ma la merce è sempre la stessa, per attirare il maggior numero di clienti la mercanzia va alterata, va resa più appetitosa di quella altrui. Così, la stessa notizia viene arricchita di arabeschi, di barocchismi, le vengono aggiunte tinte forti e si cerca di urlarla via via a voce sempre più alta.

Vorrei aggiungere che siamo talmente bombardati dalle informazioni che alla fine neanche le distinguiamo più, e diventiamo indifferenti. Anni fa, quando ci raggiungevano, alcune notizie ci colpivano, o ci indignavano. Adesso ne arrivano tante, troppe e da diecimila vettori differenti: è la conseguenza della volontà di fare tutto, di essere sempre connessi, di sentirsi onnipotenti grazie alla tecnologia. Si oltrepassano addirittura le barriere dello spazio e del tempo, visto che abbiamo la possibilità di sapere tutto ciò che accade nel mondo e in tempo reale.

Questo ha conseguenze. Anzitutto, la quantità esagerata di input smorza il sentimento nei loro confronti; poi, per poterne accogliere il maggior numero possibile, dobbiamo necessariamente recepirli con superficialità. Non abbiamo il tempo di approfondire nulla perché, mentre ascoltiamo una notizia, ne arrivano altre centocinquanta contemporaneamente.

Bisogna dunque accontentarsi dello "strillo", del titolo del giornale. Che poi è quello che alla fine colpisce, e che vende. Per sperare che l'utente, il fruitore della notizia, venga a coglierla in un luogo fisico o digitale piuttosto che in un altro, il grido deve essere particolarmente esasperato e quindi tutto diventa necessariamente «incredibile o straordinario», «pazzesco o scioccante». Ho anche il sospetto che ci siano dei centri specializzati che suggeriscono aggettivi, o ne inventano di nuovi, per rendere i racconti sempre più clamorosi.

Quasi come nel gioco del telefono senza fili, la narrazione di una vicenda monta man mano e la notizia subisce la stessa sorte della calunnia nel *Barbiere di Siviglia* di Rossini:

> La calunnia è un venticello,
> un'auretta assai gentile
> che insensibile, sottile,
> leggermente, dolcemente
> incomincia a sussurrar.
> Piano piano, terra terra,

> sottovoce, sibilando,
> va scorrendo, va ronzando;
> nelle orecchie della gente
> s'introduce destramente
> e le teste e i cervelli
> fa stordire e fa gonfiar.
> [...]
> Alla fin trabocca e scoppia,
> si propaga, si raddoppia
> e produce un'esplosione
> come un colpo di cannone.
> [...]
> E il meschino calunniato,
> avvilito, calpestato,
> sotto il pubblico flagello
> per gran sorte va a crepar.

In questo inseguirsi di esagerazioni si annida anche un'altra finalità: dopo aver venduto bene, su alcune notizie si comincia a ricamare per giorni interi, trasformandole progressivamente in soap opera, in vicende da telefilm, per sfruttarle a più riprese e in varie "puntate". Se un fatto viene lavorato bene nel cosiddetto "approfondimento", si apre tutta una serie di possibilità: significa che ci sono da sentire e spremere i testimoni, i sopravvissuti, le varie parti in causa. Segue una sorta di processo mediatico, per cui si analizzano le eventuali responsabilità, le spiegazioni, gli "alibi", e si può arrivare persino a emettere un verdetto.

Ogni notizia è un delta che si apre: questo significa ore e ore di televisione, di radio, pagine e pagine di giornali cartacei e on line.

Essenziale, per ottenere questo risultato, è esercitare sulle informazioni una buona dose di cinismo: perché non solo bisogna prendere il fatto più doloroso che è accaduto, e deve esserci qualcuno che ha sofferto, ma tutto questo dolore va anche esasperato per stuzzicare il voyeurismo del pubblico. Per attirare "clienti", c'è una ricerca di colori cupi e dei patimenti più sofferti: l'informazione diventa inesorabilmente morbosità.

A volte, pur di far parlare e di conquistarsi un uditorio più ampio, giornali e telegiornali manipolano le notizie fino a farle diventare "altro". Ma ci sono anche motivi diversi per cui questo si verifica.

Chi scrive o parla generalmente lo fa per un editore. Ciascun editore ha una corrente politica che lo sostiene; tale corrente politica prevede che una notizia venga data in un certo modo e non in un altro. Bene o male, i telegiornali e i giornali dicono tutti le stesse cose, offrono le stesse notizie; perché allora guardarne (o leggerne) uno piuttosto che un altro? È una scelta dettata non solo dalla qualità del racconto, ma anche dal punto di vista che si preferisce e di cui una certa rete, o testata, è emblema. Il racconto, insomma, prevederà delle sfumature che rendono la notizia digeribile da quel certo pubblico: il target di riferimento di quel tg. La verità assoluta, come l'oggettività, non ce la vuole offrire nessuno.

C'è una famosa battuta di John Belushi a tal proposito: «Se i giornali dicessero la verità, potrebbero costare solamente un quarto di dollaro?».

Le manipolazioni ci sono sempre state. Un particolare, un aspetto di un'informazione si può sempre decidere di non riferirlo anche se è accaduto; così, se quel dettaglio è omesso, è come se non ci fosse mai stato. La nostra storia politica e dell'informazione è piena di questo genere di cose.

È vero che l'informazione tende a esasperare per impaurire. E si sa che chi ha paura tende all'immobilismo, o a virare verso quel potere che dichiara di offrire protezione o soluzioni. In fondo, per ridimensionare gli allarmismi, basterebbe opporre un po' di logica e di buonsenso.

Su questo pianeta siamo sette miliardi e mezzo di persone. Il buono, però, non fa notizia. Meglio aumentare la dose di veleno da iniettare negli spettatori, così crescerà in loro la paura, e verranno alimentate le possibilità di attecchimento del potere che si offrirà per la loro protezione.

Questo comunque non vale solo "al negativo". Anche nel divertimento si vende meglio se tutto è straordinario e meraviglioso. Da amante dello sport, ho notato che non c'è commentatore che non definisca «incredibile» il gol del calciatore di turno.

Anche nelle discussioni all'interno dei salottini televisivi gridano. La logica che li guida è che, nel momento in cui qualcuno sta dicendo una cosa, un altro gli parla sopra per interromperlo. Si finisce per sbraitarsi contro, per creare un battibecco e non trattare più l'argomento che era oggetto del dibattito. Generalmente il conduttore lascia fare e non si capisce se lo faccia perché crede funzioni o perché affascinato dalla deriva regressiva. O forse si è solo arreso.

Questo, lo avrete notato, accade soprattutto nelle discussioni politiche. Oggi si parla solo alla pancia del Paese. Oddio, credo si dovrebbe parlare alla testa delle persone, affinché capiscano cosa sarebbe meglio fare. C'è stato un tempo in cui si è parlato al cuore della gente, facendo leva sulle ideologie; adesso si parla alla pancia. Attendo fremente il momento in cui, scendendo ancora un po', si comincerà a parlare al c…

Anche se, probabilmente, questo accade già attraverso le fake news diffuse in rete senza controllo in modo indiscriminato.

Un sito pseudogiornalistico due anni e mezzo fa diede la notizia che ero morto; poi è toccato a Laurenti. Forse averci visto in Paradiso negli spot pubblicitari ha confuso la mente di qualcuno. Ultimamente ho letto che avrei smesso di lavorare perché mi occupo dei bitcoin (che manco so come cappero siano fatti). Ogni tanto vengono fuori cose così, che sono marginali, poco importanti, ma sono comunque un segnale: che l'informazione on line trabocca di notizie fasulle. Servono ad attirare l'attenzione e a totalizzare un numero sempre più ampio di condivisioni, di click, di visualizzazioni che si traducono in un valore commerciale. E allora: vai di cazzata che è una meraviglia.

In qualche modo, questo mondo virtuale in cui tutto è lecito è stato accettato e siamo diventati tutti figli delle nostre bugie. La cosa paradossale è che, mentre qualcuno è preso dalla soddisfazione per aver fregato gli altri, non si accorge che intanto a sua volta è circondato da coloro che lo stanno infinocchiando. È un'immensa tribù che si raggira vicendevolmente, un trenino dell'amore in cui ogni "vagone" farebbe meglio a guardarsi le spalle. Capite? Ognuno, nel trenino, è talmente preso dalla soddisfazione di fottere quello davanti, da non accorgersi delle migliaia dietro che si stanno fottendo lui.

Onestamente credo che la notizia non andrebbe trattata come un prodotto qualunque, anche perché potrebbe avere dei rimbalzi nella vita quotidiana di ciascuno di noi.

Ci vorrebbe un'attenzione capillare nel maneggiare l'informazione ma, tra il rispetto della gente e l'interesse dei mercati, chi vincerà mai? La vittoria ultima, per forza di cose, è da ascrivere al margine di guadagno superiore.

Oddio, in questa pescheria c'è anche molto pesce buono, ma è quello avariato che crea problemi all'organismo. Te ne accorgerai solo dopo averlo mangiato.

Ciao Fabrizio

28 marzo 2018

Sono stato al funerale del mio amico Fabrizio Frizzi.

Una morte prematura, non tanto per la sua giovane età quanto per la giovane vita che aveva appena iniziato con una giovane moglie e una bambina a oggi di soli 5 anni.

Lo so che ci sono destini peggiori intorno a noi. Ma, quando conosci una persona, anche se in piccola parte, senti tua la sua morte.

C'era tanta gente nella chiesa degli Artisti di piazza del Popolo a Roma e molti di loro avevano incrociato la mia vita privata e professionale degli ultimi quarant'anni. Erano tutti così diversi e cambiati rispetto al ricordo che avevo di loro! Capelli bianchi, volti segnati, corpi curvi. Come me.

Ecco una generazione che si prepara a togliere le tende da questa vita. Una vita con tappe e fasi precise.

A memoria comune, un primo periodo è quello dei giochi

e delle feste, poi quello dei matrimoni, quindi quello dei battesimi e infine quello dei funerali.

«Sic transit gloria mundi.»* *C'è poco da fare.*

La cerimonia è stata trasmessa in diretta dalla Rai e stamane, mentre la accompagnavo a scuola, mia figlia Adele mi ha detto: «Ma un po' di privacy nemmeno al funerale...».

Ha 10 anni e mi piace questa sensibile attenzione anche nel suo periodo dei giochi e delle feste.

«Festina lente.»**

---

* Celebre locuzione latina con il significato «Così passa la gloria del mondo» e, in senso lato, «Le cose del mondo sono effimere».
** In latino, «Affrettati lentamente». Si tratta di una locuzione attribuita dallo storico Svetonio all'imperatore Augusto.

Dopo una vita trascorsa sotto i riflettori, credo sia impossibile andarsene in sordina.

I funerali di Fabrizio hanno testimoniato quanto la gente fosse legata a lui, quanto avesse ricevuto da lui, dal momento che tutta piazza del Popolo era gremita di persone che seguivano la funzione, amplificata all'esterno. Posso capire che anche la stessa televisione, che era stata casa sua per buona parte della vita, lo abbia voluto celebrare; però condivido le perplessità di mia figlia Adele. Certi momenti, soprattutto una tappa come quella della morte, col conseguente commiato da questa dimensione, andrebbero probabilmente lasciati a chi veramente era vicino a colui che è mancato, senza quella pomposità e tutti quei personaggi che sono accorsi.

Non condanno niente e nessuno, io stesso ero lì. Ma la mia natura, in fondo riservata, ha percepito un disagio davanti all'intrusione in un momento così unico e delicato.

In questo, mia figlia è come me: tutto ciò che dà troppo nell'occhio in qualche maniera la disturba. Entrambi non amiamo essere al centro dell'attenzione e questo, mi rendo conto, può sembrare curioso visto il lavoro che faccio.

Eppure è proprio così. Anzi, potrei dire che, grazie al mio mestiere, ho trovato un'occasione per nascondermi dove c'è più luce. Quando sono in uno studio televisivo, con le telecamere accese, mi sento libero di esprimere un aspetto della mia personalità, una mia colorazione, fra le tante sfumature che abbiamo tutti noi, che altrimenti non riuscirei a tirare fuori.

Mi piace l'idea di far star bene gli altri, ridendo e scherzando, eppure nel privato sono molto riservato. Se partecipo a una festa, a un matrimonio o a un compleanno (a parte che faccio il possibile per evitare queste occasioni), poi me ne sto buono in un angolo, sembro remoto rispetto a tutto quello che succede.

Se qualcuno mi si avvicina rispondo cortesemente, ci mancherebbe, ma in generale con le persone con cui non ho un'intimità profonda non riesco a comunicare più di tanto e non sono neanche capace di mettermi a fare quello che invece poi mi piacerebbe. Diciamo che, per far uscire il mio lato più estroverso, più egocentrico e, probabilmente, anche più "pagliaccio", ho bisogno di un alibi. Non può essere Paolo, ma il conduttore Bonolis a farlo, perché deve, è il suo lavoro. Così, attraverso un artificio professionale, permetto al mio carattere di dare luce alla sua specificità. Non riesco a essere spontaneamente "quel

Bonolis" in altre circostanze, dove non c'è una richiesta precisa, perché diventerebbe solamente l'espressione di una volontà personale. E la troverei fuori luogo.

Il lavoro mi ha permesso di dare alla mia anima, al mio carattere, quella soddisfazione che altrimenti il mio stesso modo di essere mi avrebbe impedito di tirare fuori. Non sono uno che si mostra, in generale. Non ho status symbol. Porto un orologio. Un gran bell'orologio, non c'è che dire. Ma lo indosso solo perché me lo ha regalato mia moglie; prima, portavo lo Swatch e, per me, segnava la stessa ora di questo. Anche per quanto riguarda l'abbigliamento: non mi so vestire, non ne sono proprio capace. Mi metto quello che trovo nell'armadio e i pochi capi firmati che ho, e che mi stanno particolarmente bene – almeno me ne rendo conto! –, sono indumenti che ho acquistato perché devo indossarli sul lavoro.

Il presentatore Bonolis, quello burlone, chiacchierone, caciarone e qualsiasi altra parola in *-one* venga in mente, è l'unica maschera che ho e che, però, mi corrisponde profondamente, ma che non sarebbe in grado di manifestarsi se non ci fosse un pretesto a sorreggerla.

Condivido pienamente il discorso di mia figlia sulla privacy ed è esattamente la ragione che mi fa rifuggire dai social e da tutto quello che implica il mostrarsi "impudicamente" agli altri quando non è richiesto. Tanto è vero che, se non fosse per Sonia, che invece sui social è presente e pubblica foto e momenti della nostra vita, io non avrei un privato raccontato. Non faccio vita mondana, non sono un "presenzialista" e neanche un esibizionista.

O, meglio, la mia dose di esibizionismo ce l'ho, visto il lavoro che faccio, ma per me non è un atto volontario: sono esibizionista con l'alibi, per ragioni di spettacolo.

Questo mi accade da sempre, fin da ragazzetto. Per dire, mi sono sempre vergognato tantissimo a ballare, perché mi sembra di non saperlo fare come si dovrebbe. Se però il lavoro dice che devo ballare, io ballo. Mi sono chiesto molte volte il perché di questo mio rifiuto nella vita privata. Non ho risposte.

Il lavoro mi offre un travestimento, mi concede il giusto mimetismo dell'anima. Del resto, tutti gli animali si mimetizzano per difendersi e per cacciare: il leone si nasconde tra gli arbusti gialli della savana, il giaguaro con il suo manto maculato si apposta tra le fronde ed è indistinguibile da esse. Ecco, fare il camaleonte e confondersi col circostante è un modo per attaccare la realtà o per difendersi da essa.

Fondamentalmente credo che, chi più chi meno, tutti mettiamo in atto dei mimetismi. Però noto che, col passare del tempo e con l'acquisizione di una consapevolezza professionale, percependo l'accettazione di parte del pubblico, le cose per me si stanno semplificando. Mi rendo conto che, ultimamente, la mia necessità di esuberanza è "regredita", si è trasformata nella capacità di selezionare l'energia. Ho imparato a gestire la vitalità che da giovani non si lesina (anzi si cerca di fare più che si può per attirare l'attenzione, si tira fuori tutta la "gioielleria" che si presume di avere: è l'*overacting*, tipico della recitazione, l'esagerazione). Oggi ho più misura: so che la battuta serve nel momento in cui serve, come pure il grottesco.

Ai primi tempi, senza esperienza, mi agitavo troppo, fino a pormi in modo quasi sgarbato. Mi successe, ricordo, la prima volta che incontrai Pippo Baudo durante una puntata di «Scommettiamo che…?», condotta proprio da Fabrizio. Io ero seduto sul divano insieme ad altri, a seguire le prove di alcune persone; una prova consisteva nel mettersi una cuffia in testa, in modo da non sentire alcun suono, e poi, osservando le mani dei pianisti che suonavano, indovinare il brano che stavano eseguendo. C'erano trentacinque pianoforti.

Baudo mi disse: «Tu adesso fai la prova con me». Gli risposi di lasciar perdere. Non sono un esperto di musica, non la conosco così bene, ma lui insistette. «Dai, sarà divertente!» Pippo, molto protagonista, pensava di raggirarmi perché ero un ragazzino, ma non sapeva che il mio papà mi aveva cresciuto un po', come si dice bonariamente, figlio de… buona donna. Così, indossai la cuffia mentre Baudo suonava il pianoforte. Poi con un sorriso beffardo mi tolse la cuffia e mi chiese: «Che ho suonato?». Io tirai a indovinare: «*Donna Rosa?*». Gli cadde la mascella. «Ma come lo hai capito?». E io: «A Pippo, ma sai solo questa te!».

Certo, fece ridere. Ma non fui troppo carino con Baudo. Ecco: oggi, invece di "caricare" la situazione, tendo a sottrarre, in attesa che si presenti il momento favorevole per mettere a segno il colpo e fare la battuta giusta.

Paga molto di più! Come il cinese sulla sponda del fiume, io aspetto. Durante le trasmissioni non vado mai contro un concorrente. Al massimo, parlando, butto lì due-tre finte trappole di incomprensione; non appena esce una cosa un po' più, come dire?, sghemba rispetto al normale, gioco su quello scivolone.

L'esperienza, con gli anni, e anche la stanchezza aiutano a limitare l'impiego delle forze. È un'evoluzione naturale, probabilmente.

Io non ho problemi a rendermi conto che il tempo passa e che la vita è fatta a tappe. In fondo, è quello che volevo dire scrivendo questi pensieri ed esprimendo il mio dispiacere per la morte di Fabrizio. Lo conoscevo bene, era un amico e soprattutto un uomo buono e a me le persone buone piacciono; quello che mi ha addolorato di più, per la sua fine, è stato il fatto che avesse messo in piedi un'esistenza e una famiglia che corrispondevano alla sua bontà e che quel sogno che era riuscito a realizzare si fosse infranto addosso a lui e a quelli con cui l'aveva costruito.

A questo pensavo, mentre osservavo il suo viso bonario e sorridente, nella foto sopra il feretro. Poi mi sono guardato intorno: ero circondato da tanta gente che conosco da una vita, qualcuno che frequento abitualmente ma molti che non vedevo da un bel po'.

E sì, mi sono chiesto se un giorno alcuni di loro saranno presenti anche al mio, di funerale. In fondo, chi, nella vita, non si è mai chiesto come sarà il commiato? Per chi recita, poi, l'uscita di scena è importantissima: può essere deludente o strappare l'applauso.

Solo che non si possono fare delle prove, in questo caso. Per quanto uno possa prepararsi, bisognerà andare d'improvvisazione, anche perché tocca vedere in quali condizioni sarà permesso improvvisare.

C'è chi muore così inaspettatamente che non ha neanche il tempo di fare un'uscita, un inchino. C'è chi muore con una lenta agonia e credo che, in quella condizione, di come uscire non gliene può fregar di meno.

Di base, a me la morte non fa paura. È la malattia che mi terrorizza: il non poter essere più libero di scegliere il mio percorso quotidiano, incontrando una barriera fatta di sofferenza, di limitazione e di peso per gli altri. Per questo, di fronte a qualcosa che non fosse curabile, vorrei farla finita prima. Comprendo che per molte persone possa non essere così, che ci sia bisogno di patire perché la morte venga accolta come un sollievo: in un certo senso, la paura della fine viene esorcizzata dalla sofferenza che la precede e, dunque, andarsene non sembra più una cosa brutta, ma liberatoria. Io però non sono impaurito dalla morte, non ho bisogno della sofferenza per accoglierla.

Mentre riguardo alla dipartita ho le idee piuttosto chiare, qualora fosse in mio potere prendere decisioni, non ho invece mai pensato a come vorrei essere ricordato. Sarà un'opera a cui dovranno dedicarsi quelli che rimangono e che magari avranno piacere a dire: «Se n'è andato. Che saluto je riservamo a Paolo?». E che ne so io? Fate voi, tanto ormai io son partito.

Del mio futuro, mi interessa molto di più come vivrò la mia vecchiaia. Sperando di arrivarci! Perché, se fino a trenta-quarant'anni fa essere vecchi aveva un valore, quello della testimonianza del ricordo, ora vedo un atteggiamento molto diverso nei confronti degli anziani. Prima erano i depositari della memoria, ma oggi la memoria a quanto pare viene collocata altrove, nei dispositivi, nelle "macchine". E, se al vecchio viene tolto il ruolo che aveva, resta solo un corpo stanco che non serve più a niente.

È difficile essere anziani, in questo tempo: la modernità grida le sue necessità di bellezza, di efficienza, di produttività, e se uno è anziano sono tre le cose che non può più dare: bellezza, efficienza e produttività. Le tre "virtù" di cui la nostra cultura è ghiotta.

Chissà, probabilmente è per questo che molti hanno paura del tempo che passa e si adoperano in qualunque maniera per apparire giovani: si sono accorti che, dopo una certa età, si conta davvero poco.

Percepire di essere un peso per la società che ti circonda, e sentire di aver perduto di significato per chi ti è vicino, mortifica terribilmente. Mi dispiace tantissimo osservare negli occhi di certi nonnetti quella frustrazione, quel senso di impotenza, quel cruccio. Per quanto mi è possibile, mi circondo di persone di una certa età nelle mie trasmissioni. Gli anziani mi divertono: basta dar loro voce e si scopre quanto siano vitali! Io con loro scherzo molto e li prendo pure in giro, anzitutto perché se sono vecchi non è colpa mia, anzi beati loro che ci sono arrivati. In seconda battuta, il fatto stesso che diventino protagonisti insieme a me di un momento di leggerezza li fa sentire vivi.

Bisognerebbe abbracciarli, gli anziani. Io lo faccio sempre, ma la maggior parte della gente tende a ignorarli, a relegarli in un angoletto, sempre per colpa di questa inarrestabile fretta che ci fa consumare le giornate senza mai fermarci a godere anche di singoli momenti o a prestare attenzione a cose, ma soprattutto a persone che contano.

Il risultato è che molto spesso mi è capitato di incontrare vecchi incattiviti. Posto che, in quanto esseri umani, quelli che sono stati uomini buoni saranno tendenzialmente dei buoni vecchi e che quanti erano stronzi da giovani resteranno dei vecchi stronzi, temo che questa situazione, questo ignorare la terza età, abbia come conseguenza che tutti quelli che sono nel mezzo, in un limbo che oscilla tra i buoni e gli stronzi, scivolino inesorabilmente verso la stronzaggine, quasi a urlare ancora un diritto a esistere e a farsi rispettare.

Mi capita spesso, nel traffico, di non sapere se quello che guida l'auto davanti a me è un vecchio; certe volte, magari, guida così male che mi verrebbe voglia di scendere dalla macchina e dirgliene quattro. Quando però, sorpassando, mi accorgo che alla guida c'è una persona anziana, faccio spallucce e disinnesco la mia aggressività.

D'altro canto, cosa potrei dirgli? Nulla. Ma la reazione interessante è quella nell'altra auto: certe volte incrocio lo sguardo del vecchietto, l'occhiata "assassina" di quello che è pronto a usare le forze rimaste per dire: «Qua conto qualcosa pure io, hai capito? E non mi guardare con condiscendenza. Non pensare che, siccome sei più giovane, puoi fare quello che ti pare. Perché quando ero giovane io, se volevo... ti facevo un culo così!».

Li capisco. È la loro riscossa, in qualche modo. Non hanno un ruolo e lo cercano. Vogliono essere rispettati.

Dal canto mio, spero di accettare bene la vecchiaia. Di continuare a essere cinico e scanzonato ma, soprattutto, di non prendermi troppo sul serio. Un tipo alla Bob Hope, che ironizzando sulla sua età ebbe a dire: «Capisci che stai invecchiando quando le candeline costano più della torta».

L'ammorbidente per l'angoscia

21 settembre 2017

Quando stamane l'ho accompagnata a scuola, ho chiesto a mia figlia Adele perché volesse essere iscritta al corso di catechismo.

Mi ha risposto che voleva conoscere bene la storia a cui credono tutti. Be', è proprio mia figlia e ha solo 9 anni. Insomma, in quel "credono tutti" c'era già il succo della discussione.

Perché tutti "credono", ma non "sanno". In chiesa si recita "il Credo", non "il So".

Credere vuol dire supporre, non essere certi.

Questo è il motore della religione, di tutte le religioni: supporre l'esistenza di un Dio creatore del tutto.

Ma perché abbiamo così bisogno di Dio?

(È una domanda che mi sono posto molte volte.)

Credo che questa "necessità" sia nata insieme all'Uo-

mo, terrorizzato di fronte alla forza della natura: fulmini, incendi, terremoti, l'invecchiamento, la malattia, la morte!

Atterrito e sgomento, l'Uomo si è domandato: «Come faccio ad arginare tutto questo?».

Impossibile.

Così, non potendolo arginare oggettivamente, lo ha configurato in un concetto addomesticabile. La forza della natura, quella del tempo, l'immensità dello spazio sono state trasformate in un'entità che raccoglie tutto. E questa entità non è più invisibile, impossibile o inconcepibile, poiché l'Uomo se l'è configurata. E, nel momento in cui la può concepire, a essa si può rivolgere: adesso può parlare con l'ignoto, può invocarlo. Può addirittura pensare che, facendo delle cose, possa rabbonirlo, possa ingraziarselo, possa indirizzarlo verso i propri desideri.

Psicologicamente è un gran passo avanti, perché se l'Uomo non potesse "dialogare" con "Dio" e fosse solamente vittima di questa immensità potente e ignota, vivrebbe una vita piena d'angoscia. Ecco, l'Uomo ha creato "un inconoscibile" che però è raggiungibile attraverso artifizi: un inconoscibile con il quale può, persino, dialogare.

Il problema è che alcuni hanno capito questo processo "creativo" e si sono fatti portavoce di quella "entità", trasformando quella possibilità di dialogo in un'intercessione a pagamento, garantendosi così un enorme potere. Se tu vuoi comunicare con questa entità, devi seguire i loro dettami, le loro regole, e versare un tributo.

Sono cresciuto in una cultura permeata di religiosità, ho

studiato in un istituto religioso e questo "addomesticamento", volente o nolente, mi ha influenzato fin da piccolo.

Quello che mi inquieta, invece, è che per molti è una certezza che nella storia spesso è diventata arroganza, ferocia, dominio e imposizione. La Chiesa, insomma, è un'immensa azienda che vende solo un'ipotesi a fronte di uno spropositato potere economico e temporale, perché il prodotto venduto è solamente un ammorbidente dell'angoscia, una cura per un dubbio esistenziale.

Ho sempre avuto il massimo rispetto per chi ha fede: è un bisogno interiore, qualcosa che si prova in profondità, e non sono proprio nessuno per giudicare negativamente chi sente questo richiamo, questa necessità. Anche perché, in virtù del mio agnosticismo, io non posso dire: «Dio non c'è». Non lo so. Esattamente come non ho certezza del contrario.

Quel che riesco a percepire è che esistono molte cose che non sono tangibili, che riusciamo ad avvertire magari solo istintivamente, senza dare a esse una spiegazione precisa. Io non escludo la presenza dello Spirito nella vita delle persone, semplicemente non la converto in religione.

Mi sono accaduti, nel corso dell'esistenza, un paio di episodi che mi hanno toccato molto da vicino e per i quali, devo ammettere, ancora oggi sono alla ricerca di una spiegazione plausibile. Apparentemente ne sono privi.

Mio padre è morto in tre giorni. Se n'è andato via così, in un lampo. Come a volte accade, mentre una vita se ne va, un'altra ne arriva: mia moglie Sonia all'epoca era in attesa di Silvia, la nostra primogenita. Per questo, qualche giorno prima di entrare in coma mio padre – chissà, forse se lo sentiva, vallo a sapere – mi disse: «Paolo, mi raccomando. Quando nascerà la bambina, da parte mia nun te scorda' de regalaje un mazzo de rose bianche». Io lo rassicurai, dicendogli che non solo lo avrei fatto, ma che, molto probabilmente, gliele avrebbe portate lui stesso andando a trovare sua nipote. Purtroppo, invece, è mancato pochi giorni dopo.

Mia figlia Silvia nacque qualche mese più tardi, a dicembre. Sfortunatamente presentò delle problematiche gravissime al cuore e non solo; devo ammettere che, preso da preoccupazioni ben più grandi, non pensai a esaudire il desiderio di mio padre.

Giunse poi maggio; il terrazzo di casa nostra è pieno di fiori e, in particolare, c'è un vaso di rose rosse molto bello e sempre particolarmente generoso di boccioli.

Quell'anno fiorirono tutte rose bianche.

Chiama poi anche il giardiniere per chiedere se ci potesse essere una motivazione, se magari per agenti atmosferici o per semi portati dal vento si fosse creato, che so?, uno strano innesto. Il giardiniere lo escluse. Mi disse: «Quelle sono rose rosse. Non possono nascere bianche». Fine. Oltretutto, negli anni successivi, sono sbocciate ancora.

Rosse.

È ben strano. Non posso comprenderlo. Presumo però che intorno a noi ci sia una forte carica di energia che ci appartiene e che, alla nostra morte, si dissolverà o forse permarrà o, magari, si trasformerà. Non ne ho idea, ma credo che ognuno abbia diritto alla propria sensibilità, al proprio mistero, alle proprie domande. Quindi non mi spiego quanto mi è accaduto, ma mi illudo che quelle rose siano state il mezzo con cui mio padre, anzi l'energia di mio padre, abbia voluto comunicare con me. Mi fa piacere pensarlo. È una "favola" che mi racconto perché mi aiuta a star bene. Niente di più che un'ipotesi. Di certo, non una risposta sicura.

La mia è proprio una riflessione su come questo percepibile mistero intorno a noi sia diventato per taluni un prodotto conosciuto. La religione, appunto. Credo che nessuno possa arrogarsi il diritto di avere in mano le risposte per appagare la necessità umana di dare forma e sostanza a qualcosa che avvertiamo ma che non capiamo di preciso cosa sia. E, più di tutto, trasformare questa presunta, arrogante sapienza in potere.

Come dicevo poco sopra, gli episodi "strani" nella mia vita sono stati diversi. A parte quello che riguarda mio padre, devo ammettere piuttosto consolatorio, me n'è capitato un altro che non saprei bene come classificare.

Bisogna tornare piuttosto indietro nel tempo: finalmente andavo a vivere da solo. Avevo preso un appartamento, a Roma, nello stesso quartiere in cui vivevano i miei e si era rivelato un vero affare. La zona era bella, la casa anche piuttosto grande e il prezzo basso. Era pure rimasta sul mercato molto a lungo. La ragione è presto detta: dentro c'avevano ammazzato un uomo e nessuno ci voleva andare a vivere. A mio padre, invece, non gliene poteva fregare di meno: era superiore a certe superstizioni e mi spinse senz'altro all'acquisto.

Dopo un po' di tempo dal mio insediamento nell'appartamento, cominciò una serie di problemi: la notte si accendevano le luci, la mattina mi svegliavo e c'erano gli armadi e i cassetti aperti, partiva lo sciacquone di sua spontanea volontà. Insomma, la casa sembrava avere una vita propria, indipendente da me che la occupavo. Una sera, però, rientrai con un diavolo per capello. Avevo avuto una giornata tremenda e, in più, ci si era messo anche il totoparcheggio. Piccola nota a margine per chi non è di Roma o, comunque, non abita in una grande città: se non si possiede un box o un posto auto, cercare di parcheggiare la macchina in strada la sera rincasando è più impegnativo che giocare a Tetris: può richiedere dai venti ai quaranta minuti ed è sfiancante. Questo per dare un'idea del mio stato d'animo quella sera: ero incazzato nero.

Senza accendere le luci, mi sedetti nel piccolo soggiorno e cominciai a parlare con questa presunta "entità": «Senti, parlamose chiaro: io non so chi tu sia. Se sei quello morto qua, non so' stato io. Quindi non capisco perché devi rompe' proprio a me. Se mi vuoi dire qualche cosa, fatte capi'. Io non te capisco da un cassetto o da uno sciacquone. Se mi vuoi parlare, parlami. Io t'ascolto. Però, a fare così rompi solo il cazzo».

Da quel momento non successe più niente. Finché, una sera, quella che sarebbe poi diventata mia moglie venne a dormire da me. Durante la notte, Sonia si svegliò e vide un'enorme ombra nera che dal corridoio entrava in camera; questa presenza scura le mise una mano sul corpo, quasi a trattenerla, e cominciò a parlare con me. Poi si dissolse. Così mi raccontò lei, piuttosto agitata, il mattino dopo. Solo che io non le avevo detto nulla di questa presenza! E, purtroppo, non ho idea di cosa mi abbia parlato l'ombra durante la notte. Chissà.

Sarà stata davvero l'anima di un defunto? Ancora una volta, non lo so. Ed è di fronte a incertezze come questa che le religioni hanno preso piede. L'uomo è angosciato dall'ignoto, si tratta di un disagio naturale; anche se, a dire il vero, la scienza pian piano, dove può, cerca di risolvere i misteri che hanno portato originariamente gli uomini a rifugiarsi nelle religioni.

Oggi, alcuni fenomeni li conosciamo e ci fanno meno paura: ormai siamo in grado di prevenire un maremoto o una tempesta, sappiamo cos'è un fulmine, come si può incanalare la forza del vento, quella delle maree e, in parte, cerchiamo di spiegarci anche perché nasciamo. Quel che resta sempre, profondamente insoluto, è il mistero della morte. Dove andiamo, quando non ci siamo più? E, soprattutto: abbiamo vissuto invano?

È difficile, in un'esistenza in cui abbiamo affibbiato

un senso a tutte le nostre azioni, accettare che la somma dei nostri gesti, cioè la vita, possa non essere altro che un passaggio insignificante sul sasso umido che chiamiamo Terra. Se tutto questo sgomitare, tutto questo voler essere, tutto questo piangere, tutto questo gioire è figlio di un beneamato nulla e noi non significhiamo niente, che senso hanno il Bene e il Male?

Di fronte a una tale estremizzazione, che mi comporti bene o che vada in giro con una roncola a massacrare chiunque incontri, in assenza di una qualsiasi logica, che differenza potrebbe fare? Ma ragionando così ci troveremmo in un mondo terrificante, in un tempo buio. Quindi comprendo bene che dobbiamo dare un significato a noi stessi, alla nostra vita, ai nostri comportamenti. Abbiamo bisogno di una morale.

E io la mia morale ce l'ho, anche piuttosto elementare: non voglio fare agli altri quel che non vorrei venisse fatto a me. Che sì, è un insegnamento cristiano, ma in fondo lo ha sostenuto anche Lao Tse e non è stato il solo. Mi sembra di poter parlare più di buon senso che di religione.

Diciamo che alla religione posso riconoscere di aver arginato un po' certi comportamenti umani, ma l'aspetto più assurdo ai miei occhi è che, pur predicandoli, non li abbia messi in pratica! Invocando la trascendenza dei dettami del culto, il contegno ideale da tenere per un buon cristiano viene ispirato da un essere superiore a tutti noi, inconoscibile, intangibile, onnipotente, onnipresente e onnisciente. La Chiesa, dunque, dovrebbe cercare di avvicinarsi, pur nella sua imperfezione terrena, quanto più possibile a questo modello cui aspira. Almeno, questo è quanto sarebbe più logico, essendo un'emanazione di Dio sulla Terra, rappresentando la "casa" del Signore. Ma a me sembra che non ci sia nulla di più lontano dalla morale cattolica, in una Chiesa così sfarzosamente potente!

Adesso facciamoci semplici, banali e leggeri, perché ci sono delle cose che non mi tornano. Esiste un comandamento che recita «Non uccidere», eppure vedo un papa scortato da guardie che, nel caso di un attentato a Sua Santità, non esiterebbero a sfoderare le armi e a far fuori il criminale; vedo una religione che professa la povertà e la futilità delle cose terrene, ma ogni anno riceve l'8 per mille delle nostre tasse e, in generale, contributi per svariati miliardi di dollari. È un'azienda con immense proprietà, ha una banca, ospedali e privilegi fiscali.

Se anche volessi lasciar correre questi aspetti più "materiali", ci sono altre questioni più "concettuali". Magari sono in errore, eppure non riesco a trovare una risposta che mi soddisfi e mi convinca. Dunque: al catechismo mi hanno insegnato che Dio è onnisciente. Bene. E, se sa già tutto in partenza, significa che sa anche perfettamente, per ognuno di noi, quale sarà il nostro percorso esistenziale; ne consegue che Dio sappia già cosa fare della nostra anima. Mi chiedo: noi che ce stamo a fa' qua?

Si obietta che ci ha dato il libero arbitrio. Devo supporre che si tratti di un'illusione di scelta (caro Kurt, sarai d'accordo?*). Dio, in quanto onnisciente, sa già anche cosa sceglierò col mio libero arbitrio. Insomma, è già tutto previsto e io non sono davvero svincolato dal suo volere. In aggiunta, sembra che, se non mi comporto bene – e, a questo punto, non è neanche colpa mia, sto solo compiendo il volere di Dio facendo quello per cui mi ha creato –, questo capo, che decide tutto e ha previsto tutto, alla fine mi punisce! Onestamente, se il mio ragionamento è corretto, mi sembra tutto molto ingiusto. Se invece ho sbagliato qualcosa, ci deve essere una falla in questa storia dell'onniscienza.

Altri interrogativi, per così dire "dottrinali": l'elezione del pontefice. Se non sbaglio, i cardinali che si riuniscono nel conclave si chiudono nella Cappella Sistina in attesa che arrivi lo Spirito Santo a suggerire loro il nome del prescelto a rappresentare Dio sulla Terra. Vabbe'. Partendo da questa premessa, io non riesco a spiegarmi la fumata nera. Cos'è?, lo Spirito Santo non guida bene tutti i cardinali? Quando dice il nome, l'audio per alcuni è disturbato? O con quelli più burloni si diverte e fa la "supercazzola"? Non voglio essere irrispettoso, ma solo evidenziare quanto appaiano assurde certe pratiche ai miei occhi, stanti le premesse che sembrerebbero serissime e rigorosissime.

Ravviso molte contraddizioni nelle tradizioni e nelle regole religiose, che ovviamente mi appaiono con maggiore evidenza in quella cristiana perché la conosco meglio,

---

* Cfr. Kurt Vonnegut, *Cronosisma*, Minimum Fax, Roma 2016.

mi ci hanno educato e ho avuto modo di viverla da vicino. Alcune volte, ripensando alla morte di Cristo sulla croce, mi sono chiesto per esempio che tipo di sacrificio rappresentasse effettivamente.

La dottrina ce lo presenta come la massima espressione dell'amore di Dio, che manda suo figlio a morire per noi; a sua volta, Gesù si immola compiendo il gesto supremo e, attraverso la sua sofferenza, espia i nostri peccati. Ora, comprendo certo il dolore, tutto umano, provato dal Cristo-uomo (socinianesimo);* ma la paura? Perché aveva paura di morire? Noi, poveri mortali, che non abbiamo la certezza di cosa ci attenda nell'Aldilà siamo in qualche modo "giustificati" nel nostro timore. Ma Gesù era il figlio di Dio! Lui sapeva per certo cosa lo attendeva dopo. Anzi, se vogliamo proprio dirla tutta, sarebbe dovuto essere quasi ansioso di passare oltre: sarebbe tornato a essere il figlio del capo, non uno qualunque. A ben analizzare quel gesto, a me personalmente ne sfugge un po' la grandezza.

Proseguo con la lista bizzarra e leggera di quesiti che la religione cristiana lascia dietro sé nel mio animo: la verginità di Maria. Come incastrare una verità esistenziale biologica in un'assurdità di questo tipo? Che bisogno c'è di tramandare che una madre sia vergine?

E ancora: il racconto della vita di Cristo, i suoi insegna-

---

* È una corrente nata dai due pensatori e riformatori Lelio e Fausto Socini (zio e nipote) nel XVI secolo. Sostenevano che ci sia solo un Dio padre che lascia agli esseri umani libertà di scelta e che Gesù di Nazareth sia anch'egli un uomo.

menti, la religione così come la conosciamo oggi con le sue regole e i suoi princìpi è stata rivista, corretta e interpretata secondo un accordo tutto umano e molto poco spirituale nel concilio di Nicea, nel 325. Diciamo che hanno rivisitato la storia di Cristo-uomo a uso e consumo di un'organizzazione che avrebbe poi gestito questo potere per secoli. Si sono presi il copyright, hanno eliminato i bug pericolosi per la credibilità necessaria e hanno fondato, con queste manipolazioni, l'azienda più potente della storia. Ricca, sfrontata e che non deve nemmeno produrre. Incassare sì.

Le stesse apparizioni mariane hanno coinvolto sempre persone fortemente ingenue e sono avvenute in luoghi remoti: perché? Sembra proprio che Maria, Gesù, lo stesso Dio e tutti i santi siano piuttosto "timidi".

Mi è capitato spesso, chiacchierando con religiosi, di sentirmi rimbrottare che «non cerco Dio». È vero. Non lo cerco. Ma è pur vero che lui si nasconde. Se devo giocare a nascondino contro Dio, temo di aver perso in partenza. Oltretutto, se, come dicono, è nostro padre, un genitore che si nasconde ai figli credo abbia delle difficoltà reali di gestione del suo ruolo.

Perché i religiosi professionisti devono fare voto di castità, che non è richiesto da alcuna entità trascendente? Si tratta di una privazione che viene vissuta come fosse un merito, mentre nei fatti ha mostrato di portare con sé tutta una serie di problematiche a cascata, come la deriva pedofila, con i conseguenti insabbiamenti del Vaticano nel corso del tempo.

A queste perplessità dottrinali, aggiungo un altro interrogativo: perché la religione cristiana è la più diffusa al mondo? Perché, per secoli, chi si è opposto è stato ripudiato, torturato e ammazzato. Era meglio crederci. È stata una religione che si è imposta con la forza e ha dovuto lottare contro i protestanti, che a loro volta lottarono contro gli ebrei, che si opposero ai musulmani e così via.

«Non avete bisogno delle religioni per giustificare l'amore, ma la religione è il miglior strumento mai inventato per giustificare l'odio», ha detto l'attore americano Rudd Weatherwax. È una grande verità: trovo che le religioni siano terribilmente arroganti in questo sostenere di essere ognuna la più azzeccata. Offrono soltanto ipotesi. Eppure, in nome di esse sono – o sono state storicamente – pronte a uccidere. Ridicole battaglie aziendali per gustose fette di mercato da mungere e per scettri di potere vaporoso.

E direi che ne hanno fatte di cose, questi religiosi, per prendersi il copyright di vicende vissute e raccontate più di duemila anni fa a gente che, probabilmente, allora poteva rimanere stupita molto più di quanto possa accadere oggi.

Comunque, come dicevo, a me sta bene che le persone credano in ciò che le conforta maggiormente, ma da lì a pretendere di detenere una verità e sostenere che chi non la pensa come loro vada combattuto è pura follia. Anzi dovrebbe essere un peccato enorme. Ma l'ammorbidente per l'angoscia ha pensato anche a questo: dal momento che ha inventato il peccato, ha creato anche il perdono. Insomma, crei la malattia per vendere la medicina. Che, effettivamente, è stata venduta a prezzi più o meno modici. Con Anni Santi, con simonie, con messe in suffragio e chi più ne ha più ne metta. Tutto ha un prezzo.

Cosa dire infatti dei luoghi "miracolosi", dove andare a chiedere la grazia affinché vengano risanate persone che hanno avuto la sfortuna di nascere con qualche problema fisico o mentale? In base a cosa Dio ha fatto la scelta di far nascere qualcuno storpio, qualcun altro cieco, di costringere un altro ancora sulla sedia a rotelle? Perché pregarlo dopo? Non poteva pensarci prima? E visto che la Chiesa specula sulle presunte guarigioni in questi posti "santi": per quale crudele meccanismo viene miracolata una persona e altre migliaia vengono lasciate al proprio destino?

Non riesco ad accettare che, quando le cose vanno bene, sia "grazie a Dio" ma, non appena accade qualcosa di brutto, si tratti di un misterioso disegno divino. Troppo comodo.

Ritengo che l'unico miracolo da ravvisare in questi luoghi, che speculano sulla religione, pieni di bancarelle che vendono rosari e acqua santa, sia rappresentato dalla forza dei volontari che accompagnano i malati. Quelle persone sono il vero prodigio, l'incarnazione di un amore incondizionato per il prossimo. Ed è una cosa totalmente laica.

Alla fin fine, come sosteneva lo scrittore francese

Edmond de Goncourt, «Se c'è un Dio, l'ateismo deve sembrargli un'ingiuria minore rispetto alla religione». Dovesse tornare Gesù Cristo sulla Terra, non credo riconoscerebbe nella Chiesa i suoi princìpi e i suoi insegnamenti, almeno per come sembrerebbe averli trasmessi.

Purtuttavia, la sera prego nel modo che mi è stato insegnato da ragazzo, perché so farlo solo così. Prima di addormentarmi, ringrazio tutte le persone che ho conosciuto e che non ci sono più, da mio padre ai miei nonni, agli amici, a coloro che hanno significato qualcosa nella mia vita. Talvolta, nel momento in cui gli occhi si chiudono, di alcuni di essi mi tornano in mente le immagini di ciò che è stato: cose strane, divertenti, tenere o dolorose.

"Pregare", o meglio "ripensare con gratitudine", è anche un modo per dire le cose che avrei voluto e che ormai non posso più, specialmente a mio padre. Era un uomo tutto d'un pezzo, poco incline ai sentimentalismi. Eppure aveva una tenerezza tutta sua. Gli ho voluto un bene dell'anima.

P.S.: La butto lì: ma si può insegnare la religione? A livello di percorso di fede, vale? Per chi infine "credesse", il traguardo raggiunto sarà indotto o dedotto? Che differenza fa con la pubblicità?

'Sti cazzi

2 gennaio 2010

Roma è una città meravigliosa, dove secoli di storia si avvolgono tra loro creando un fantastico gomitolo attraverso il quale il futuro con fatica cerca di farsi largo.

Vero è che buona parte di questa fatica è nostra responsabilità. Siamo responsabili politicamente e civilmente. Siamo indifferenti però, un bel po' incivili ma anche ottusi. Da ottuso mi soffermo sugli atteggiamenti dei miei "colleghi". Esempio: molti lavori di manutenzione o ammodernamento, una volta iniziati, si bloccano per mesi o per anni creando cantieri fantasma che costruiscono o perlopiù ostruiscono una viabilità già compromessa da un'urbanistica secolare e dal numero di persone e veicoli. Perché accade?

Be', spesso è perché durante i lavori affiorano rovine di epoche remote. Vasellame, cimiteri, chincaglierie antiche di ogni epoca. Alt, allora. Fermi tutti.

Con il dovuto rispetto per la storia e l'archeologia, credo che abbiamo reperti sufficienti per esserci fatti un'idea di come fosse prima. Musei e depositi sono pieni di vasi, piatti e bicchieri del tempo che fu. Anche a scheletri non andiamo male e, tutte queste differenze tra le ossa di un patrizio e quelle di mio nonno, non le vedo.

Capisco che si fermi tutto perché si scopre magari un motorino dell'antica Roma o un telefono medioevale, ma per il resto, be'... così facendo avremo sempre tanti passati ma nessun futuro.

Quello che si evince da questo brano è che sono romano profondamente, fin dentro il midollo. Soprattutto per quello che riguarda il disincanto.

Roma è una città piena di problemi ed è solo grazie all'atteggiamento disilluso tipico dei suoi abitanti che il dolore per lo stato delle cose viene alleviato, ma allo stesso tempo, per il medesimo atteggiamento, quasi mai si risolvono le questioni.

La storia ci ha confezionato questo DNA: la nostra città è stata prima potente e poi impotente. L'hanno invasa prìncipi stranieri e barbari, è stata città papalina. E in questo avvicendarsi di amministrazioni, tra i soprusi e lo sperpero delle ricchezze a beneficio sempre dei soliti noti, il romano se l'è dovuta cavare da sé e ha sviluppato un distacco rispetto al potere che veniva esercitato su di lui.

Il romano "se la cava" sfuggendo, tendendo a defilarsi,

con quel carattere smaliziato che, sì, è partecipe, ma un po' delegante. Come a dire, va bene tutto, ma, a un certo punto, che ci pensino gli altri.

E infatti a Roma c'è un concetto che fondamentalmente è salvifico per quasi tutte le situazioni, una piccola frase molto usata e apprezzata dai suoi abitanti, che è «'sti cazzi». È tipica del luogo quanto la coda alla vaccinara e sta a significare che al romano, fondamentalmente, poco gliene cale di tutto ciò che accade, riesce a farsi scivolare addosso una bruttura, un problema, una faccenda di difficile soluzione.

Non che il romano non sappia darsi da fare. Ma deve avere una ragione importante per muoversi e, generalmente, circoscritta alla sua famiglia e alla sua attività. Ovvero il romano è estremamente individualista. Amico, anzi amicone, per carità: si ritrova con gli altri e lo fa con piacere, ma è uno stare insieme per divertirsi. Direi che è amico, ma con le giuste cautele.

A Roma se volemo tutti bene. Ma, allo stesso tempo, se famo pure tutti l'affaracci nostri. È un atteggiamento molto romano, che si ritrova anche nei prodotti culturali dell'Urbe, dalle canzoni agli stornelli, al tipo di comicità di personaggi quasi sempre disincantati, che soffrono per i loro problemi personali ma non avvertono l'urgenza di quelli collettivi.

Su questo tipo di condotta credo abbia potuto facilmente attecchire il potere malsano, cioè quello che poi si è fatto, nel corso dei decenni, gli affari propri a discapito di tutti gli altri. Roma è una città divorata dagli intrallazzi e dal malaffare. Un po' perché è il centro del potere politico, un po' perché questa arrendevolezza della collettività romana ha sempre permesso, a chi ha voluto mettere le mani sulla città, di farlo con una certa libertà e talvolta con discreta connivenza.

A dire il vero, non è che il romano non agisca. Si muove, si adopera finché ciò che fa non diventa fonte di preoccupazione: è allora che si ferma e dice: «Ma chi me lo fa fa'? Ma 'sti cazzi». Questo percorso di pensiero è sempre stato un sistema per permettersi di sopravvivere nel corso dei secoli alla frustrazione di abitare una città che non è mai stata sua, che non ha mai potuto possedere. E, se non è sua, allora tanto vale fregarsene di quello che capita e vivere più tranquilli.

La mia non è una critica alla città, anche se in fondo lo dovrebbe essere; ma non posso arrogarmi il diritto di giudicare nessuno, perché sono esattamente come i miei concittadini. Mi do da fare per la mia famiglia, per il mio lavoro, quando studiavo lo facevo per la mia carriera scolastica, però dentro di me c'era sempre questo minimo comun denominatore profondamente radicato, che alla fin fine era «Vabbe', ma poi 'sti cazzi».

A Roma ci sono nato, ma le mie origini sarebbero lontane dall'Urbe: papà era milanese, mamma di Salerno. Eppure si vede che basta respirare quest'aria, sentire il Ponentino che soffia e la filosofia capitolina ti entra nelle ossa. È successo così ai miei: nati entrambi nel '32, sono venuti a Roma durante la guerra, quindi giovanissimi, a 10 anni circa, credo in parte per ragioni familiari ma soprattutto per mettersi al sicuro, perché durante i bombardamenti San Pietro veniva risparmiata (bizzarria nazista). Così, quando partivano le sirene antiaeree, invece di andare nei rifugi papà e mamma, con le loro famiglie, andavano a ripararsi sotto il colonnato del Bernini. Lì si sono incontrati. Diciamo che sono un po' figlio delle bombe. E, fin da quando ho avuto la facoltà di capire che quell'uomo che girava per casa era mio padre, lui era già inesorabilmente romano.

L'unico residuo, saltuario ed esteriore, della sua milanesità lo ritrovavo quando arrivavano delle telefonate dai parenti del Nord: allo squillo, mio padre in romanesco diceva: «E mo' chi è a 'st'ora? Stamo a magna'!». Poi rispondeva e iniziava a parlare una lingua per me incomprensibile: «Uè, alura, com' l'è che la va? E lo zio? No, no, làsell in del sò broeud...». Da piccolo, questo *switch* di mio padre mi turbava non poco: sembrava Linda Blair nell'*Esorcista*. Anche perché faceva un lavoro che lo portava a stretto contatto con la romanità più genuina, più ruspante, dal momento che frequentava i mercati generali per andare a prendere il burro che poi scaricava nei vari negozi di alimentari.

Probabilmente è stato proprio papà a trasmettermi fino in fondo lo spirito di questa città. Uno spirito scanzonato che si rivede in tantissimi film, dei generi più vari: dalle pellicole di Pasolini alle commedie di

Monicelli; mi viene in mente in particolare *I soliti ignoti*: l'atteggiamento dei romani, ma anche la bellezza di Roma si ritrovano in ogni inquadratura. Sordi, poi, fu il portabandiera, l'esempio più calzante di quello che intendo: il Marchese del Grillo è l'apoteosi dello 'sti cazzi. Certo che, se poi si confronta tutto questo con *Il gladiatore* di Ridley Scott, quasi sembra impossibile che fossero nostri antenati anche quegli antichi e operosi eroi della Roma imperiale.

Non dobbiamo però dimenticare che in mezzo, tra i centurioni e noi, c'è stata la storia, con la pletora di dominazioni straniere ad annientarci; in compenso questo passato variegato, che ha invaso i vicoli della città, ci ha lasciato anche tutte le vestigia che possiamo ammirare oggi e che rendono Roma bella e unica al mondo. Specialmente al tramonto, perché il sole saluta la città eterna con una luce e con dei colori che la fanno risplendere e quasi infuocare: io ho viaggiato tanto, ma l'arancione dei tramonti romani non l'ho trovato da nessun'altra parte. Ne esalta la bellezza accumulata nei secoli.

Una bellezza e una ricchezza che vengono però trattate male per la stessa indifferenza con cui si guarda qui alla cosa pubblica. Già l'abitudine e la consuetudine, nella vita, rendono le persone più indifferenti a tutto, anche verso ciò che amano di più. Figuriamoci cosa accade se questa naturale disposizione dell'animo umano finisce per abbinarsi all'indolenza distaccata del romano. Diventa nitroglicerina. Per cui è difficile che questa città possa garantirsi quell'ammirazione e quel successo che meriterebbe, anche solamente per ciò che la storia le ha consegnato.

Stando ai dati, Roma è visitata quattro volte meno rispetto a Tokyo. Tokyo l'ho vista e ve lo posso assicurare: in confronto a quello che abbiamo qui, là è il nulla.

Probabilmente, il minor numero di turisti dipende anche dall'incapacità che abbiamo di accoglierli: li facciamo stare scomodi, piombano nel caos, e la mancanza di servizi e indicazioni non può che confonderli.

Ci piacerebbe fare meglio, ma il romano è pigro anche nei confronti del turista: «T'invidio turista che arrivi, t'imbevi de fori e de scavi, poi tutto d'un colpo te trovi Fontana de Trevi ch' è tutta pe' te...», recita la canzone *Arrivederci Roma* di Rascel.

Noi romani non siamo attrezzati, non siamo pronti: inspiegabilmente, l'unico posto che si trova indicato dappertutto da quando è stato costruito è l'Auditorium. Anche in punti della città che sono lontanissimi. Il che non si spiega specie perché, esteticamente parlando, pare un grosso bacarozzo. Fra le altre grandi opere realizzate di recente, c'è poi la Nuvola, un edificio in grado di ospitare convegni, mostre e spettacoli: non la usa praticamente nessuno. Mi chiedo: si sentiva tutta questa necessità di progettare la Nuvola? Non sarebbe stato meglio organizzare bene una metropolitana funzionante, o rendere il fiume Tevere vivibile sulle sue sponde?

O ancora: sono un patito di sport. Possibile che

in una città così grande ci sia un solo stadio e che lì debba tenersi ogni evento, creando tutt'intorno un pandemonio incredibile? Non dico farne altri cinque, ma... E pensare che ce ne sarebbe un altro, di stadio, che però resta inutilizzato, ovvero il Flaminio: non si può toccare, perché la famiglia dell'ingegner Nervi, che lo ha progettato, vuole preservarlo. Ma mica è la *Pietà* di Michelangelo! Uno stadio andrebbe usato. Per il resto, non si può costruire né cambiare niente se non si passa attraverso quelle maglie maligne, quel malaffare e tutta la burocrazia a cui facevo riferimento poco sopra. Roma è diventata ormai una città in totale stallo e, a forza di non muoversi, piano piano si sta atrofizzando, spegnendo, sgretolando.

Sotto i nostri occhi vengono commessi dei "delitti" nei confronti della bellezza e nessuno dice niente. Un esempio concreto? L'altro giorno, andando alla stazione Termini, mi sono ritrovato in una di quelle vie limitrofe dove c'è un'infilata di palazzi di fine Ottocento che è di una magnificenza assoluta. In mezzo, tra due edifici, come fosse un dente nero in uno splendido sorriso, si erge un affare di vetro-cemento. Ma perché? Perché, se proprio quella doveva essere la sua collocazione, è stato costruito così, senza un minimo di rispetto per l'armonia estetica di ciò che ha intorno? A Gerusalemme, che è meravigliosa, vige una regola urbanistica per cui tutte le nuove costruzioni possono essere realizzate soltanto con la stessa pietra con cui è stata edificata la città, e in effetti l'impatto visivo è di un'omogeneità incredibile. Roma, invece, nel complesso risulta come una caciara.

Da ragazzo abitavo vicino a Villa Pamphilj, un edificio bellissimo che ospita il più grande parco pubblico di Roma, oggi sede ufficiale di rappresentanza del governo italiano. Quando la "bazzicavo", c'erano cento-centoventi persone che si occupavano della cura dell'immensa distesa di verde; adesso ce ne sono solo tre o quattro, disperate perché non sanno come gestire una superficie così sterminata con i pochi attrezzi che hanno a disposizione. È un po' come spegnere un incendio con un secchiello da spiaggia per bambini.

Penso che sia per questo, per questa prigionia di bruttura in cui è incastrato, che il romano, tendenzialmente socievole, sta diventando sempre più aspro nei confronti degli altri. È arrabbiato. Dentro di sé, il capitolino dirà pure «'sti cazzi», però, poiché è tutto meno che stupido, si rende anche conto che la città più bella del mondo sta sgretolandosi sotto i suoi occhi. E c'è anche una sua parziale e importante correità in tutto questo. In fondo, ce l'ha con se stesso.

Ma non è solo questo che ha reso più duri i miei concittadini. Siamo sempre stati un popolo che ha accolto tutti, perché nella storia abbiamo visto passare gente di ogni etnia e provenienza, ma ultimamente è sempre più difficile includere gli altri perché, quando la situazione diventa schiacciante, non è più questione di essere o no inclusivi. Si pone una questione di sopravvivenza personale.

Ci provo: se dividessimo Roma in parti più piccole da amministrare in maniera indipendente, tipo distretti? Forse sarebbe più facile organizzare e controllare. Anche i paraculi forse sarebbero più visibili. Chissà.

Noi romani potremmo essere gli anticorpi di questa città malata, invece stiamo morendo piano piano, come globuli bianchi: siamo dei globuli piuttosto scarsi, perché di fronte all'infezione non ci uniamo per andarla a combattere, ma preferiamo il vecchio adagio «Vabbe', 'sti cazzi». E proseguiamo: «Se se vo' cura', se cura. Sennò, andremo in setticemia. Semo sopravvissuti per secoli e mo arrivano 'sti quattro cojoni e ce magnano in testa? Ma beato a te!».

Il romano è guascone. Mi viene in mente come lo ha dipinto Carlo Verdone in *Troppo forte*, il cui protagonista si atteggia a uomo invincibile alla Rambo, racconta avventure improbabili condite con la sua arroganza e, in una scena, chiosa: «L'Aids? Ma magari me venisse a me l'Aids... lo sdereno in du' ore! Che ore so'?? Le dieci e mezza? A mezzogiorno e mezza l'ho sventrato!».

Ecco la spocchia, quella stessa che noi esseri umani abbiamo già normalmente per natura, ma che qui si regionalizza. A ben vedere, il famoso acronimo «SPQR», che sta per *Senatus PopulusQue Romanus* e che è stato storpiato in tanti modi nel corso degli anni, dal più famoso «Sono Porci Questi Romani» a «Signora Paghi

Questa Ricotta» e «Sì Pago Quando Ripasso», per me sta invece a significare «'Sti cazzi Per Questa Roma». Perché, alla fine della fiera, con questa frase il romano vede sì morire Roma, ma nel frattempo pensa di salvare se stesso. Sarà proprio così?

Vabbe'. 'Sti cazzi.

Siamo il Paese più bello del mondo

20 giugno 2013

Oggi, fuori dal bar, uno mi s'è avvicinato e m'ha chiesto: «A Pa', ma tu pe' chi voti?».

La politica non mi appassiona più. Perché ormai è una commedia a fine di lucro che ha smesso di essere un esercizio di servizio per diventare un meccanismo di profitto.

Sono molti anni ormai che il Paese vive una situazione di stallo per colpa di diversi problemi che meriterebbero una soluzione. A ogni campagna elettorale, strepiti risolutivi da ogni parte e poi nulla. Ognuno a incolpare il dirimpettaio per l'insuccesso.

È un gioco delle parti dove l'uno è l'alibi dell'altro. Così nulla cambia e le aziende politiche proseguono il loro esercizio: offrire soluzioni.

I problemi sono la vera benzina della politica.

E i mercanti politici non ne possono fare a meno, quindi perché risolverli?

Certo, ci sono anche politici di grande spessore e onestà. Ma credo siano soffocati dall'immensa pletora di commedianti e parassiti che bloccano le loro iniziative per garantirsi quella situazione di stallo che li nutre.

Sono aziende floride, quelle della politica, perché vendono un prodotto che nessuna legge obbliga a consegnare. Compri il prodotto fatto di promesse con il tuo voto, che garantisce a chi se lo accaparra potere, denaro, privilegi e impunità. Ma poi probabilmente non lo riceverai, perché non sono obbligati a realizzarlo e avranno sempre un alibi a sostegno della mancata consegna.

Aziende così attirano i meno nobili come il miele le mosche! Utilizzando nascosti un numero sconsiderato di possibilità, questi parassiti muovono o paralizzano il sistema a loro piacimento.

Per carità, io mica ce l'ho con quelli che, invece, di politica si interessano! E credo anche a ragione.

Come diceva De André: «Anche se tu non vuoi occuparti di politica, è la politica che si occupa di te». Il principio è sacrosanto! Ma il meccanismo è volutamente guasto.

Fino a una quarantina d'anni fa, la situazione era perlomeno più chiara: da una parte gli uni, dall'altra gli altri, in mezzo altri ancora. Concetti forti, netti, esasperati agli estremi, idee di mondi diversi ma, se vuoi, anche un tentativo di coerenza ideale spesso aggressiva eppure riconoscibile.

Oggi è tutto molto confuso. Mimetismi e cambiamenti di barricata, sigle sempre nuove come prodotti da banco, create per attirare o far dimenticare infamità precedenti.

Alleanze grottesche in eterno mutamento. Insomma, l'ideale per la commedia della politica.

Ah, pensavo: democraticamente parlando, è giusto il forte contraddittorio politico preelettorale. Ma una volta che il voto è stato espresso, quelli che non hanno vinto, proprio per rispetto del principio democratico, devono collaborare con chi è stato scelto dal voto popolare. Devono, cioè, aiutarlo a portare avanti il suo lavoro e semmai svolgere un ruolo di vigilanza costituzionale.

Questo non accade. Comincia invece un infinito ostruzionismo fatto di cavilli, accuse, fango e insulti, manovre losche di ogni fattura per impedire ogni iniziativa. Dov'è il rispetto per la democrazia?

Ecco la commedia che prosegue attraverso la farsa e diventa tragedia mentre i problemi rimangono. Dico tragedia perché noi cittadini dovremmo essere il fine, ma siamo solo il mezzo: la democrazia ipocrita è la più feroce e subdola delle dittature.

Come nella vita, anche nella politica a ogni scelta corrisponde una rinuncia. Fare opposizione è cavalcare la rinuncia.

Gli anni passano, ma non mi sento di rivedere le posizioni espresse quando ho scritto questa riflessione. Anzi, le avallo ancora di più, senza il minimo dubbio.

Ho sempre definito la politica, in modo forse non troppo originale, «un teatrino»; ebbene, mi sembra che in effetti i problemi siano sempre gli stessi e che la situazione non cambierà finché un politico non avrà l'obbligo di mantenere quello che promette in campagna elettorale.

È come se io entrassi in un negozio, pagassi anticipatamente trecento euro per farmi fare una camicia meravigliosa e il commesso, dopo qualche giorno, mi potesse dire: «Guardi, noi i trecento euro ce li siamo presi, ma da oggi facciamo supplì». Ma io non ho bisogno di supplì, ci eravamo accordati per una camicia!

Il termine tecnico-politico per questo trattamento è "presa per il culo". Che, alla fin fine, noi accettiamo pur di stare comodi, per non mettere a rischio la nostra serenità quotidiana. Non tentiamo di opporci, ma diventiamo clienti, ci infiliamo dove ci conviene.

Questo la politica l'ha capito e se ne serve continuamente. Invece richiederebbe una partecipazione sociale quotidiana: dovremmo formare una comunità che sappia badare a se stessa, ben conscia dei limiti e dei doveri, mentre lo Stato dovrebbe amministrare al meglio e distribuire i frutti del nostro impegno.

Questo evidentemente non accade, dal momento che noi paghiamo tantissime tasse, ma il meccanismo di ridistribuzione di queste da parte dello Stato, sotto forma di servizi, si inceppa sempre da qualche parte.

Il punto è che non si può fare a meno della politica, è una necessità fondamentale; ma, allo stesso tempo, è il luogo prediletto dove la natura umana può esercitare la propria volontà di potere. E giacché la natura umana è fatta più per prendere che per dare, è rapace, gli affari pubblici sono diventati una mera occasione di lavoro, dove le ideologie e i pensieri si dividono in aziende e ognuno tira acqua al proprio mulino. Alla faccia del bene comune.

Ma del resto: cos'è che muove il mondo praticamente da sempre? Il denaro. Per tutto il globo terracqueo, da secoli risuona il motto «Damme li sòrdi». Questa non è una malignità da parte mia, ma una semplice constatazione. E chi possiede tanti soldi può mai immaginare che venga eletto qualcuno che potrebbe mettere in discussione la sua ricchezza? O, peggio ancora, i suoi territori per poterla accumulare? Ben difficile.

Sto parlando dei cosiddetti "poteri occulti", che poi tanto occulti non sono: le multinazionali, gli uomini potenti, tutti coloro che hanno abbastanza denaro da aver voce in capitolo e controllare la gestione economica del mondo, non possono che tenersi per mano con chi governa.

Negli Stati Uniti, ad esempio, mica penseremo davvero che eleggano liberamente una persona qualsiasi, che chiunque possa diventare presidente? Non sono mica matti! Chi ha il potere economico in mano non può correre il rischio che arrivi qualcuno che governi secondo propria coscienza e poi magari demolisca tutto il sistema che alimenta le sue ricchezze. Non per niente, quando un candidato si impegna nella campagna elettorale, deve affrontare delle spese altissime: e da dove vengono quei soldi? Chi sono i principali finanziatori dell'aspirante presidente? Coloro che poi esigeranno in cambio il mantenimento delle loro posizioni. O, molto più spesso, il favore di qualche miglioramento.

Si spera solamente di trovare uno che, quanto meno, faccia quello che deve fare rendendolo accettabile al cittadino.

Gli ideali? Ritengo che, con la globalizzazione, si siano disperse molte differenze; ed era nelle differenze che si costruivano le ideologie. Differenze di territori, di culture, di sistemi economici. Adesso che tutto si assomiglia, che si trova tutto ovunque, l'ideologia ha fatto il suo tempo. Per questo, ciò che resta è l'interesse.

Penso che l'ultima, vera grande rivoluzione culturale sia stata quella della protesta giovanile del Sessantotto, nel senso che si proponeva un mondo che si appoggiasse su valori completamente differenti da quelli preesistenti e reazionari. Ero in quinta ginnasio quando ho scoperto che c'era stata una controcultura e ho iniziato a interessarmi di politica, a cercare di capire quanto meno quali fossero i suoi meccanismi. Però non sono mai sceso in piazza, perché non ne avvertivo l'urgenza o forse non sono mai stato pervaso così tanto da certe convinzioni.

In fondo, dietro ogni ideologia leggevo comunque un interesse e questo me la faceva vivere con diffidenza. Osservavo l'immenso plauso e la condiscendenza nei confronti del comunismo: a me è sempre sembrato in realtà un'arroganza di potere gigantesca da parte dello Stato, a fronte di una ridistribuzione delle ricchezze che non arrivava manco per niente, e che ha provocato milioni e milioni di morti. Dall'altra parte, la destra, col nazismo e il fascismo, ha fatto altrettanto, con inaudita barbarie.

Mi sono convinto che il nodo della questione sia la natura umana: qualunque idea, utopia, filosofia deve poi fare i conti con essa. E la natura umana, tutta questa nobiltà d'intenti, non ce l'ha.

Sono lontani i tempi di JFK: «Non domandatevi quello che il Paese può fare per voi, domandatevi quello che voi potete fare per il vostro Paese». Allora sì che saremmo una collettività, allora sì che si potrebbe parlare di cooperazione.

Non ho mai pensato di entrare in politica. Una volta, a dire la verità, fui convocato da Berlusconi a Palazzo Grazioli perché aveva una cosa importante da comunicarmi. Andai e mi ritrovai a cena con il presidente, Gianni Letta e Paolo Bonaiuti. A un certo punto, Berlusconi mi disse: «Signor Bonolis, veniamo al motivo per cui lei è qua. La seguo nei suoi programmi costantemente e, d'accordo con il dottor Letta e con il dottor Bonaiuti, ho individuato per lei un ruolo importante per il suo futuro. Lei sarà... Si tenga forte, sarà il portavoce di Forza Italia». Risposi: «Preside', ma io non lo posso fa' il portavoce di Forza Italia». Berlusconi mi guardò un po' interdetto: «E perché mai?». «Manco l'ho votata, a lei!» Berlusconi scoppiò in una risata, mentre Letta imperterrito trangugiava una pera, un tozzo di pane e un bicchiere d'acqua.

Questa fu l'occasione in cui probabilmente mi avvicinai di più alla politica. Piuttosto rapida e indolore, direi. E non sono mai stato tentato di guardarla più da vicino. Però certo, ho le mie idee, anzi quelle che chiamo «fantasie progettuali del pirla», che sarebbero la risposta alla chiacchiera da bar: «Vabbe', ma se ci fossi tu, che faresti?».

Una cosa che so che non si può fare ma mi piacerebbe fosse possibile è questa: i vari candidati si presentano alle elezioni con un programma, ma soprattutto con cinque-sei leggi che possono essere modificate nei dibattiti pre-elettorali ma che poi, nel momento in cui viene proclamato il vincitore, vengono immediatamente applicate. Insomma, non si deve passare dal Parlamento, le leggi non devono essere rivotate: diventano effettive da subito.

Questo permetterebbe a qualunque nuova entità politica di cominciare avendo già cinque cose fatte, perché uno dei problemi più grandi, a quanto vedo, per realizzare alcune proposte elettorali è superare l'approvazione delle due Camere. Insomma, dove si patteggia, *do ut des*, si scambia e in concreto, infine, si annacqua.

In Parlamento non si collabora. Tutto diventa ingestibile, in Parlamento ci si azzuffa e ci si boicotta e intanto noi stiamo qui, aspettiamo e non succede niente. Quel poco che viene realizzato è talmente annacquato dai mille compromessi che si sono resi necessari da servire a ben poco. Risultato volutamente e forzatamente sterilizzato.

Io vedo la politica sempre più come un tavolo da gioco dove si bluffa. E non mi diverto a giocare con chi bara. Sia a livello internazionale sia dentro i nostri confini. Vi ricordate l'Ecuador? Non c'è stato bisogno di invaderlo con i carri armati; il Fondo monetario ha fatto crollare il valore della sua moneta, lo ha costretto ad acquistare il dollaro e ha fatto in modo che la valuta americana diventasse moneta ecuadoregna. Ecco come l'Ecuador è stato vinto e annesso. *That's it.* Non se n'è accorto quasi nessuno.

Tutti si lamentano della situazione economica in cui ci troviamo, ma sembra non si individui una formula per rimettersi in piedi. Io azzardo una visione di quello che dovrebbe essere il nostro principale obiettivo. Il mio sarà un punto di vista troppo semplicistico, ma non capisco perché in Italia venga così trascurato un aspetto essenziale.

Il nostro Paese ha una ricchezza immensa che continuiamo a dare per scontata e che non trattiamo come prioritaria: il turismo! Se le dessimo l'attenzione che merita, l'Italia non avrebbe rivali al mondo. Una terra piccola, la nostra. Percorribile da nord a sud in nemmeno due ore di aereo. Eppure abbiamo le montagne più belle d'Europa e un mare meraviglioso, lungo le coste e attorno alle isole. Colline morbide, luoghi eleganti e fiumi che attraversano il territorio in ogni direzione. Una storia millenaria che si dispiega nell'arte, nei borghi, nelle grandi città e negli innumerevoli musei. Una cucina talmente varia che nemmeno cinesi e francesi insieme potrebbero eguagliarla. La moda. Le tipicità locali, che sembrano generare mondi diversi nello stesso piccolo territorio. Luoghi unici, come le Cinque Terre o la Costiera Amalfitana, il Salento con il suo barocco leccese, le comunità montane del Nordest o l'austera potenza alpina del Nordovest. La Sardegna e la Sicilia. Roma, Firenze, Venezia, Milano, Napoli, Torino, Bologna, Genova... con tutti i loro tesori.

È una lista che potrei continuare all'infinito, eppure manca qualcosa, e altri Paesi con la metà della metà della metà delle possibilità che abbiamo noi ci sovrastano, a livello turistico. Da noi mancano le infrastrutture che servirebbero a garantire un'accoglienza di qualità. Tuttavia insistiamo nel competere in altri ambiti economici dove altri Paesi, per logistica delle risorse, ci mangiano in testa, laddove nel turismo non avremmo rivali.

Perché non predisporre alberghi per ogni censo, trasporti adeguati, dedicarci alla conservazione del territorio e dell'ambiente, alla gestione del patrimonio artistico e locale con metodo, idee e rispetto? Solo per realizzare tutto questo si creerebbe lavoro per tutti, mentre potremmo limitarci a mantenere (e non dovremmo invece produrre) le risorse da offrire, visto che la Natura e la Storia ce le hanno consegnate su un piatto d'argento.

L'unico ministero che non abbiamo è proprio quello del Turismo.

Forse sbaglio, ma a livello di ottimizzazione e progettualità economica e del lavoro credo siamo veramente fuori strada. È un po' come se nella Penisola Arabica, ricca di petrolio, decidessero di puntare tutto sulla coltivazione dei pomodori. Ma siete cretini? Vi basta fare il "succhio" e sgorgano miliardi di tonnellate di greggio. E invece no. «C'ho un'idea! Piantiamo pomodori!»

Ecco. Secondo voi, siamo degli idioti?

P.S.: Quando sento dichiarare, al termine degli scrutini elettorali, «Abbiamo preso il Lazio» o «Abbiamo Firenze» chiedo: «Avete preso?». Ma cazzo, mica è roba vostra. È nostra. Voi dovete solo lavorare per tenercela bene. Bella e pulita. Capite cosa si nasconde dietro quegli entusiasmi? Potere, possesso, arroganza, presunzione. AFFARI. Ecco perché dicevo: «Noi il mezzo e non il fine».

L'animale con la spocchia

8 luglio 2018

L'immigrazione è un rimbalzo. Un rimbalzo del quale proviamo a far finta di niente.

Per secoli abbiamo depredato l'Africa di qualunque cosa, dalle risorse umane a quelle naturali. Al contempo, dopo aver tracciato confini arbitrari e sbrigativi in tutto il continente, abbiamo acceso qualunque miccia pur di far combattere i popoli e vendergli le nostre armi. Gli abbiamo scaricato ogni genere di rifiuti, di tossine, di scarti industriali e spazzatura nucleare. E, mentre facevamo tutto questo, con le moderne tecnologie gli raccontavamo che qua si stava benissimo. Cosa volevi succedesse a un certo punto?

Puoi alzare i muri che vuoi. Quella forza d'urto che viene dalla disperazione, per colpa di ciò che tu stesso hai sottratto, non c'è muro che la contenga!

E noi ci lamentiamo perché oggi ci troviamo a dover pagare gli interessi su quello che abbiamo preso prima? È così che neghiamo le nostre responsabilità.

La gente si domanda: «Questi che vogliono?». Vogliono solamente condividere con te ciò che nei secoli gli hai preso! Mentre tu te lo sei preso con la forza, loro ti chiedono di condividerlo per disperazione.

La verità è che noi continuiamo a criticare questa situazione, a condannarla, perché non vogliamo ricordare. Ci rammenterebbe quanto siamo stati avidi. Siamo stati responsabili della mortificazione di un intero continente. Il nostro benessere è figlio soprattutto di un'azione predatoria.

Il problema è che la natura di questo pianeta, e quindi anche la nostra, è predatoria. Chiunque cerca nella parte più debole l'occasione.

L'unica alternativa vera alla predazione è la cooperazione.

Entrambe queste attitudini sono presenti nella natura umana. E non so quale delle due prevarrà nel tempo.

Il problema vero è che la cooperazione richiede tempo. La predazione dà risultati immediati.

Ecco perché la velocità dell'attuale vissuto si sposa meglio, purtroppo, con l'idea predatoria.

Se sei cooperativo, non puoi che ragionare sul medio e lungo termine. Se sei predatorio, ragioni sul breve termine.

La Terra sarebbe perfettamente in grado di gestire le nostre necessità. Sono gli sfizi che producono gli squilibri. E agli sfizi non sappiamo porre un freno, accettiamo supinamente tutte le correnti che arrivano. E questo ci porta a una pleurite dell'anima.

Mi guardo intorno e prendo atto di come, più passa il tempo, più si inaspriscano i comportamenti della gente, dei Paesi e dei politici nei confronti delle etnie più deboli e delle diversità.

Io, per natura, mi sento un mediano. Lo dico sempre, l'ho detto altrove anche in questo libro: nella vita, così come sul campo da calcio, mi ritrovo nel ruolo che fu di Gabriele Oriali o in quello che è di Daniele De Rossi. Mi piace andare in soccorso all'attacco, come alla difesa, e provare a gestire il gioco. Mentre il grande pubblico esalta il goleador o il bravo portiere, gli esperti conoscono molto bene l'importanza dei mediani, anche se questi spesso non assurgono agli onori della cronaca. Fanno un gran lavoro in campo, perché sono mente e braccia al contempo, e risolvono tutti e novanta i minuti.

Esplico questo ruolo da mediano soprattutto nel mio mestiere, ma anche nella quotidianità dell'esistenza; buona parte della mia cooperazione, nella società, è di carattere economico. Io pago tutte le tasse. Sempre.

È vero, sono ricco. Ma sono anche uno dei maggiori contribuenti dello Stato italiano, quindi alla collettività restituisco moltissimo; è una ricchezza che, teoricamente, condivido con tutti. Della quale non mi vergogno per niente, perché non ho mai rubato un centesimo.

Mi dispiace che spesso la ricchezza venga vissuta come una colpa. Non c'è niente di male in essa. Semmai, è cosa si fa per accumulare il denaro che può determinare il senso di colpa. Nel mio caso, accade semplicemente che il mercato televisivo, nel quale lavoro, renda più di altri. Ma non lo decido io.

A ben vedere, la corsa al denaro, il dover essere i primi a tutti i costi e il concetto del consumismo sono tutte conseguenze della predatorietà che impera nella nostra società. Questa visione dell'esistenza ha cominciato a diffondersi già da quando ero ragazzo ed è pian piano degenerata; sono d'accordo con quanto scrive Zygmunt Bauman, sociologo e filosofo polacco: «La logica consumistica porta alla lettura della tua stessa vita, inconsapevolmente, in chiave consumistica».

Abbiamo vite figlie dell'usa e getta: prima le cose venivano realizzate per poterle godere il più a lungo possibile, mentre ora, per mantenere il mercato sempre effervescente, si deve produrre il superfluo, con venature di capriccio. Cerchiamo sempre più cose inutili, che soddisfano il nostro desiderio per un breve attimo e mantengono inalterato un processo costante di insoddisfazione generale.

I beni erano al nostro servizio; ora è il contrario. Sono diventati più importanti di noi. Ci dicono: «Se la gente non ricomincia a comprare, il Paese crolla». Un ricatto!

Il punto è che i mercati non fanno prigionieri. Partendo da questa convinzione, mi viene da chiedermi, con molta paura: una società si misura in base alla sua produttività o in base al tipo di uomo che genera?

Quella che io vedo è una società tremendamente individualista, un mondo in cui ognuno cerca il proprio palcoscenico: l'individualismo è una delle maggiori attrattive dei nostri tempi. Ma sarebbe proprio la cooperazione a dare forza maggiore a tutti noi.

D'altro canto le società politiche sono tutte fondate su un principio di cooperazione. Perché doversi aggregare, altrimenti? Fin dalla notte dei tempi ci si è riuniti in comunità perché l'unione fa la forza: perché il ruolo di uno crea benefici agli altri e viceversa. Cooperazione.

Solo che ben presto, in queste società micro o macro che fossero, sono emerse violentissime forze interne, tutte individualiste, che hanno reso molto complicata la gestione cooperativa.

Nei sistemi storicamente riconosciuti, come il comunismo, il liberismo o la democrazia, ognuna di queste bandiere ha richiesto dei princìpi cooperativi per potersi realizzare appieno; eppure, qualunque principio abbiano sposato sulla carta queste società, nella pratica si è verificata sempre e inesorabilmente una gestione individualista. Potrei dire che si tratta di organismi disegnati bene ma poi contaminati.

Vorrei che fosse chiara una cosa: credo fortemente nella meritocrazia. Quando condanno l'eccessivo individualismo, non significa che non reputi giusto riconoscere legittimamente ciò che può appartenere a qualcuno in base alle sue peculiarità. Se una persona è particolarmente capace in un determinato campo, probabilmente otterrà di più rispetto ad altre che operano nello stesso settore. Il valore di ciascuno va riconosciuto! Il problema non è dato da chi è ricco o da chi è meno ricco; i guai arrivano quando si comincia a volere sempre di più. È la volontà irrefrenabile di ricchezza, l'avidità, che crea lo squilibrio: la corsa al "sempre di più" implica il sottrarre agli altri. A quel punto, non si parla più di una ricchezza prodotto di un merito, ma di una conseguenza di abusi.

Nel corso della storia abbiamo massacrato l'Africa con lo schiavismo, il bracconaggio, le guerre per impossessarci dei diamanti, dell'oro, del petrolio. Il nostro benessere è figlio soprattutto di un'azione predatoria nei confronti di quell'intero continente e non solo.

Ci siamo dati molto da fare: abbiamo scatenato guerre, pagando dittatori che si lasciavano corrompere con disinvoltura. Perché anche fra le persone di colore è pieno di fetenti: i neri sono uomini, e il colore della pelle non fa distinzione. Comunque, noi abbiamo devastato un continente con la complicità di locali senza scrupoli.

La stessa storia è accaduta nel Nord America. Siamo partiti, secoli fa, e siamo sbarcati su una terra meravigliosa e rigogliosa. C'era solo un dettaglio fastidioso: era già abitata da qualcuno. Perché scoraggiarsi? Facciamoli fuori in nome di Dio e del re. Poi abbiamo sottratto loro una buona parte della ricchezza che ancora adesso ci ritroviamo in Europa. Tutta la storia dell'umanità e delle sue ricchezze è frutto di azioni predatorie.

Mi piacerebbe pensare che la storia ci insegni e che il passato sia sotto i nostri occhi come monito, affinché non si verifichino più certi scempi e non ci si sporchi di nuovo la coscienza.

Perché siamo così gretti? Potremmo guardare al passato per capire i nostri errori, ma volerli capire significherebbe guardare al futuro, e questo ci affligge. Il passato è storia e, per quanto la si possa manomettere, è tangibile, analizzabile, ha una sua forma. Così il presente con ciò che ci circonda. Il futuro no. È uno spazio immenso. Incomprensibile.

Forse, per la nostra breve vita già colma di affanni è un progetto operativo troppo complicato e, per come possiamo comprenderlo, privo di certezze. Così il presente è l'unica dimensione accettata, dove l'immediato tornaconto garantisce la costante grettezza dell'agire comune.

La velocità che la realtà ci impone porta con sé un gravissimo rischio: se la natura predatoria dovesse effettivamente, anche solo per un attimo, soverchiare completamente quella cooperativa, potrebbe bastare poco tempo per distruggere tutto.

Cooperare significa costruire; e costruire comporta fatica. Predare è costruirsi distruggendo, si fa prima.

La natura umana, spesso, per sentirsi in pace con se stessa, pratica azioni predatorie dandosi delle giustificazioni e ammantandole di una nobiltà d'animo che le trucca conferendo un aspetto meno atroce, anzi "umanitario e altruistico". La motivazione religiosa è stata la bandiera sotto la quale si nascondeva la sete di conquista del mondo occidentale nel Medioevo. L'ideale della democrazia e della libertà non è stato da meno, a copertura di mercati energetici da sottrarre. Ci sono conflitti atroci in giro per il mondo, ma avete visto interventi umanitari se si tratta di Paesi privi di risorse?

L'individualismo, che si ravvisa nelle persone, è lo stesso che si ritrova nei sistemi economici.

Homo homini lupus. È indifferenza, è egoismo. È quello che cercavo di spiegare nel mio scritto iniziale: chi è cooperativo può ragionare sul medio e lungo termine; chi è predatorio lo fa sul breve termine, perché non gli importa del domani né degli altri. Quest'ultimo comportamento è tipico solo dell'essere umano.

Nel mondo animale si ritrovano molti esempi di cooperazione: le formiche vivono grazie all'aiuto quotidiano reciproco. Le api anche. Il ghepardo invece è un felino che ha una natura individualista, eppure, malgrado ciò, sa gestire questo suo modo di essere molto più intelligentemente di quanto non faccia l'uomo. Se volesse, essendo un predatore, potrebbe sterminare quaranta gazzelle in una giornata, ma non lo farebbe mai perché è cooperativo nei confronti dell'ecosistema. Per salvaguardare la sua sopravvivenza, la belva ucciderà solo la preda necessaria per nutrirsi e, quando avrà di nuovo fame, tornerà a cacciare.

L'uomo no. Deve soddisfare la sua spocchia, la sua presunta superiorità biologica e la sua arroganza. Ho visto cacciatori sparare a cinquanta cinghiali in una sola giornata. Pescatori che tirano su quattrocento spigole, solo per il gusto di farlo, creando squilibri inutili.

Mi duole dirlo, ma l'uomo mi sembra davvero un animale predatorio per superbia e, in ultima analisi, stupidità. I grandi predatori umani si trovano sovente a capo di Stati importanti e in posizioni cruciali dell'economia mondiale. È anche un fatto tutto sommato normale. Per portare avanti il pensiero individualista bisogna trascinare i più dalla propria parte, convincendoli di essere i migliori, gli unici rappresentanti dell'unica civiltà possibile, di quella più giusta, da imporre a tutte le altre. È sempre stato così. Si tratta di una manipolazione anche piuttosto elementare, perpetrata nel corso dei secoli a più livelli e sotto varie forme; è stata utilizzata dalla religione, dai regimi dittatoriali e da quelli militari.

Ah, già, l'immigrazione! Nel corso dei secoli abbiamo fatto dei danni talmente grandi a queste genti che, se dovessero chiederci aiuto tutti coloro che abbiamo depredato e lasciato nei guai, non sapremmo davvero come fronteggiare un'emergenza simile.

Quali sono le soluzioni? Non faccio il politico, non sono un economista, non sono un industriale né tanto meno un sociologo, però credo che, se a quei territori venisse restituito ciò che gli abbiamo tolto, si darebbe loro un'enorme possibilità di indipendenza culturale ed economica.

Be', è ovvio che, quando arrivano i barconi del grande flusso migratorio, in mezzo a tutta quella gente ci possano essere anche dei poco di buono. Ma vorrei far presente che i delinquenti non arrivano tutti dall'Africa. Di persone malsane, di stupratori, di assassini, di gente senza coscienza, ne partoriamo anche noi; non ha senso colpevolizzare sempre "gli altri". Dovremmo pensare che, se non avessimo creato loro tutti i problemi che si ritrovano, non credo verrebbero qui.

Visto che, in ultima analisi, sono arrivato a parlare di questo concetto barbaro del razzismo, mi permetto di fare un appunto circa l'intolleranza nello sport, che è una cosa che mi lascia perplesso e, anzi, mi suscita anche un po' di ilarità.

Soprattutto nel calcio, mi è capitato ultimamente di leggere intere pagine di giornali dedicate a un certo calciatore di colore che, mentre giocava, veniva contestato dai tifosi avversari, i quali scimmiottavano il verso «bu bu bu». Mi sento di poter assicurare che non si tratta assolutamente di razzismo.

Asserire che quello sia un episodio razzista significa svilire un problema serio come quello della discriminazione etnica. È qualcosa di diverso. Allo stadio si utilizzano spesso le presunte fragilità dell'avversario per sbeffeggiarlo. A Franco Baresi gridavano: «È arrivato Weah, è arrivato Weah e Baresi è di nuovo papà...»; a Pruzzo urlavano: «Tua moglie sta scopando, tua moglie sta scopando». Arbitro cornuto... quanta fantasia!

I cori dello stadio sono sempre stati micidiali, volutamente scorretti, perché volti a disturbare lo stato d'animo del giocatore avversario; ma definire il grido «bu bu bu» un'espressione razzista significa declassare il problema del razzismo, che è qualcosa di estremamente grave.

Voglio esasperare in modo un po' brutale questo concetto: immagino di avvicinarmi a un ragazzo senegalese che raccoglie pomodori in Sicilia o in Campania a cinquanta centesimi l'ora, curvo sotto il sole, sudato, piegato dalla fatica per ettari ed ettari, vessato dai "caporali". Lo prendo da parte e gli dico: «Senti, ti faccio una proposta. Però devi pensarci molto, molto bene: basta raccogliere pomodori. Tu adesso vieni con me. Io ti pago tra i due e i tre milioni l'anno, ok? Dovrai allenarti tutti i giorni. Dovrai correre su un campo da calcio e giocare a pallone. Però devo avvisarti... guarda che ti fanno "bu bu"». Che farà il senegalese?

Ma che gliene può fregare, al professionista di colore, se dagli spalti urlano «bu bu»? Se fosse un coro razzista, i tifosi dovrebbero insultare anche i giocatori neri della propria squadra, e questo non accade.

Ricordo un formidabile terzino, che giocava col Barcellona ed è stato anche nella Juventus: un ragazzo di colore a cui, una volta che stava per battere un calcio d'angolo, hanno tirato una banana. Lui se n'è accorto e, con grande naturalezza, l'ha presa, l'ha sbucciata e se l'è mangiata. Col sorriso. Perché era perfettamente evidente la finalità con cui la tifoseria l'aveva lanciata: esasperare e mettere a disagio l'avversario. O davvero c'è qualcuno convinto che allo stadio ci siano schieramenti del Ku Klux Klan?

Il razzismo è stato ed è ancora un problema molto serio. Da parte mia c'è il massimo rispetto e appoggio nei confronti di chiunque venga discriminato, che sia per il colore della pelle, per la religione o per l'orientamento sessuale. Ma questo cacchio di politicamente corretto imperante, ostentato in certe situazioni, finisce per rendere ridicolo il problema reale. Lo camuffa di stupidità.

Ricordo un incontro di pugilato: si fronteggiavano un pugile bianco e uno nero. Il telecronista: «Potete riconoscere il pugile X dai calzoncini verdi, e l'altro, Y, dai calzoncini verdi con la striscia rossa...». Ma non si fa prima a dire che uno è bianco e uno nero? Che problema c'è? Perché mi devo sguerciare a cercare la striscetta sui calzoncini, quando potrei identificarli con grande facilità? Tutta quest'ansia di dire «nero», la paura di essere discriminatori è del tutto ingiustificata! Se è nero, è nero! Per quanto mi riguarda, quel pugile potrebbe essere pure a pallini gialli, blu con le zebrette sulla pelle, che me ne frega?

Una volta ero al mare in Sardegna con la mia prima moglie e con Stefano che al tempo aveva un anno. Il bambino si era appena addormentato sotto l'ombrellone quando è arrivato un venditore ambulante, che ha cominciato a voce alta: «Compra, dai amico, compra!». «Shhh, statte bono, sta a' dormi' il ragazzino, non strilla'!» «Sì, ma tu compra, compra...» «Ohhh, t'ho detto non strillare, me s'è addormentato adesso il bambino, torna dopo e magari compro...» Ma quello niente: «Guarda quante cose, dai, compra!». Sono sbottato. «Ahò, hai rotto il cazzo. T'ho detto che il ragazzino dorme. Te devi sta' zitto.» «Ah! Tu questo perché io nero.» «Macché nero! Io ti dico questo perché tu stronzo. A me che me frega di che colore sei?» È finita a schiaffi sulla spiaggia. Stefano alla fine si è svegliato.

Forse, un po' razzista lo sono. Se gli stronzi fossero una razza.

Senti questa. Sette del mattino. DRIN DRIN: squilla il telefono. Strappato dal sonno, rispondo biascicando. Dall'altra parte una voce squillante: «Salve, sono un giornalista dell'"Osservatore Romano". Volevo un suo pensiero sull'opportunità del Gay Pride a Roma durante l'Anno Santo». «Eh? Non ho capito. Scusi, sto dormendo.» Ripete la domanda. Rispondo: «Guardi, non lo so, non mi interessa. Se vuole può chiamare più tardi.» Il tizio incalza: «Senta, devo scrivere ora, molti hanno già risposto. Le cambio la domanda. Secondo lei, è giusto che persone conciate in quella maniera sfilino per Roma durante l'Anno Santo?». Mi aveva scocciato per la petulanza e per l'assurdità di quella posizione. Rispondo bruscamente: «Ma scusi, a lei pare che un cardinale sia vestito normale?». Cazzo, sempre gli uni e gli altri. Si sgomita per trovare più spazio sotto l'ombra di una presunta Ragione.

Un'altra volta mi chiesero cosa pensassi dei gay. Ma perché devo pensare qualcosa? Non penso niente. È un colore della Natura. Non è che mi faccio domande sul perché dell'esistenza delle aquile o dei gerani o degli atomi di ossigeno nell'acqua. È che, se non ci sono nemici, cosa fa uno che nella vita vuol fare il generale?

Ci sono i bianchi, ci sono i neri. Ci sono i gialli, ci sono i rossi. Ci sono gli uomini e le donne. Gli atei e i credenti. I forti e i deboli. I giovani e i vecchi. Gli omo e gli etero. E chi più ne ha più ne metta. Quanti contrasti e quante paure indotte da queste diversità! Basterebbe concedersi il lusso di capire che l'unica cosa vera che abbiamo in comune sono proprio le differenze.

Antibiotici per l'esistenza

13 settembre 2009

Tutti nella vita abbiamo problemi da affrontare. Piccoli o grandi problemi. Ma tutti i problemi, piccoli o grandi che siano, hanno una doppia natura: oggettiva e soggettiva. Ognuna delle due con un proprio peso specifico che impatta sulla nostra vita.

Il peso oggettivo del problema è determinato dalla complessità della possibile soluzione e dalle conseguenze che essa può generare. Questo in linea di massima vale per tutti. È l'oggettività.

Ma spesso buona parte del peso specifico è soggettivo e aumenta o diminuisce specchiandosi nel modo e nello spirito con il quale affrontiamo il problema. La disposizione d'animo e l'atteggiamento conseguente ne possono amplificare o diminuire la portata.

L'accettazione e la leggerezza riducono la massa delle difficoltà e spesso ne chiarificano le soluzioni.

Il nostro modo di leggere la vita può disinnescare molte afflizioni. La percezione che abbiamo della realtà, la leggerezza con la quale la osserviamo, il disincanto nell'interpretarla e l'accettazione delle sue probabilità più oscure ridurranno sempre di parecchio la massa problematica da affrontare.

Cercare una soluzione attraverso un atteggiamento sereno e, se necessario, anche ironico, spegne gli ardori delle difficoltà. Diciamo che mortifica il nemico, il quale spesso batte in ritirata, senza che ci sia più bisogno che lo affrontiamo e senza spargimenti di sangue.

Leggerezza e accettazione sono antibiotici per l'esistenza.

Magari non sempre, e probabilmente sono modi di essere e di fare che si acquisiscono con l'età, ma provarci non costa nulla e... be', funziona. Scrostano l'orgoglio superfluo. Smontano le zavorre delle illusioni e spiazzano l'avversario che spesso ci siamo creati da soli. Buona parte della forza del "nemico" risiede nelle nostre ansie e paure. L'imponenza del problema cresce e si nutre del nostro atteggiamento indebolito.

Una leggera indifferenza ne svela spesso la reale dimensione che poi, come sempre, il tempo inghiotte e fa sparire.

Molte persone fraintendono il valore della leggerezza e la interpretano come frivolezza, superficialità, disimpegno. Allo stesso modo, l'accettazione viene considerata una mera desolata rassegnazione, propria di chi non ce l'ha fatta: quasi la virtù dei falliti.

Nulla di più lontano dall'accezione che, nel corso della mia vita, ho attribuito a questi due concetti per imparare ad apprezzare quanto mi è stato regalato dal destino, senza delusioni di sorta.

La leggerezza e l'accettazione sono, per me, atteggiamenti che permettono di snellire i problemi che si presentano di volta in volta, e nulla tolgono al coraggio necessario per affrontare le difficoltà, anzi lo rafforzano.

Accade a tutti di trovarsi in situazioni faticose, difficili da accettare. Nessuno è al riparo. Tanto meno io.

Silvia, la mia terza figlia, quando è nata è stata molto male; nella nostra famiglia c'è stato chi ha affrontato questo grave imprevisto con frustrazione, reazione per altro comprensibilissima, e chi, nonostante quel senso di impotenza che lo pervadeva, ha cercato di fronteggiare il problema con un po' di leggerezza.

L'angoscia non faceva scomparire la malattia. L'ansia, la preoccupazione e la macerazione interiore avevano come unico effetto quello di fiaccare l'energia necessaria per sostenere la nostra bambina e aiutarla.

Quello che suggerisco è di imparare a fermarsi, nei momenti più complicati dell'esistenza, e fare «om»; bisognerebbe cercare di razionalizzare le paure e dirsi che nella vita le difficoltà esistono, che toccano a tutti e in modo diverso, perché le cose succedono e non ha senso chiedersi: «Perché proprio a me?».

È una domanda inutile, che non mi sono mai fatto, neanche nelle circostanze peggiori in cui mi sono trovato. È una reazione umana, lo comprendo. Così come però è anche umano – e doveroso – cercare di risolvere il dramma interiore che si è generato e andare oltre.

Ecco: leggerezza e accettazione sono il suggerimento per sciogliere i nodi più reconditi dell'anima e farsi forza; i problemi da affrontare ci saranno sempre e saranno innumerevoli, nel corso di una vita. Credo quindi che si debba imparare ad accettare quel che accade, nel bene e nel male, con questa disposizione mentale. Soprattutto, ci si dovrebbe rendere conto di quanto tendiamo a ignorare gli accadimenti positivi, tutte le cose che ci vanno bene e che sfuggono alla nostra attenzione. Sembra che ci spettino di diritto. Quando invece arrivano le batoste, le situazioni difficili, drammatizziamo e ci sentiamo improvvisamente vittime di un fato avverso e maligno.

Non è così. Dovremmo avere il coraggio di confessarcelo, una volta per tutte.

Tutti abbiamo delle potenzialità e dei limiti. Bisognerebbe essere il più possibile consci delle une e degli altri e, alla luce di questo, cimentarsi in prove nelle quali dare il meglio nelle proprie possibilità. In questo modo, alla fine non ci si potrà rimproverare nulla, quale che sia il risultato, e non si avrà nulla da rimpiangere.

L'altro ieri era l'ultimo giorno di scuola e sono andato a prendere Adele. Mi ha accolto con un largo sorriso e ha esclamato: «Papà! Ah, come mi sento bene! È finita la scuola, cominciano le vacanze. Adesso sì che posso gestirmi il tempo libero».

L'ho osservata per un po', poi le ho detto: «Adele, pensaci con attenzione: perché ti senti così bene? Perché è finita la scuola? Perché ora sei libera? Riflettici un secondo». I suoi occhioni azzurri hanno cercato la risposta, poi si è arresa: «Non lo so. Perché, papà?». «Provo a dirtelo io. Tu dimmi se sbaglio. Credo che tu ti senta così bene perché sai che hai fatto il tuo dovere. Hai studiato con coscienza e quindi sei stata promossa. Quando si fa ciò che si deve, dopo ci si sente tremendamente soddisfatti e sollevati, a prescindere dal risultato ottenuto. L'importante è avercela messa tutta. Certe volte si vince, altre volte si perde, ma se accetti di fare una cosa devi farla con tutta l'anima.

Quando si è svogliati e si agisce in modo approssimativo, è difficile essere soddisfatti perché si è consapevoli di non aver espresso al meglio le proprie potenzialità.» Lei ci ha pensato e poi: «Sì, hai ragione. Sono contenta di come è andato quest'anno».

A questo proposito, cerco quotidianamente di spiegare ai miei ragazzi quanto sia importante lo studio, ma non perché abbia grandi pretese o perché debbano diventare chissà cosa; semplicemente, ritengo che attraverso la cultura loro possano crearsi autonomamente delle opportunità da sfruttare il giorno in cui dovranno scegliere cosa fare e chi essere nella vita.

Più armi si hanno a disposizione, più si è in grado di affrontare ciò che verrà. Se si parte in guerra con una sola freccia al proprio arco, davanti a due nemici non ci si potrà difendere: uno lo si può colpire, ma l'altro ci batterà e i nemici sono tanti.

Ma più di tutto, lo studio offre ai ragazzi gli strumenti per comprendere quello che hanno attorno: solo così il circostante diventa occasione di piacere e magari può anche essere plasmato a proprio piacimento. Altrimenti diventa opprimente, quando invece può essere una giostra piacevolissima da scoprire giorno dopo giorno.

Già non siamo biologicamente ed esistenzialmente liberi; se poi ci mettiamo anche una prigionia culturale, la vita diventa davvero difficile. So che non tutti possono farlo, non tutti possono concedersi un certo tipo di educazione e istruzione; ma chi ne ha la possibilità deve approfittarne, potrà scegliere cosa diventare e appagare le proprie ambizioni, nonché, fra i tanti vantaggi che ne derivano, c'è quello di poter essere una persona perbene. Che non è una cosa scontata.

Ogni tanto mi dicono: «Sa che lei è un uomo perbene?». Rispondo: «Sì, ma perché me lo posso permettere». Lo dico nel senso che non ho bisogno di graffiare l'esistenza per sopravvivere; molte persone sarebbero perbene, se potessero concedersi.

Non intendo deresponsabilizzare chi sceglie una strada poco ortodossa per condurre la propria vita: i figli de 'na mignotta sono sempre esistiti, non ci piove. Però c'è molta gente che vive ai margini della legalità perché costretta. Insomma, essere perbene non è scontato, e non bastano intelligenza e capacità per diventarlo; anche la fortuna è una componente e fa parte dell'incrocio delle mille variabili dell'esistenza.

D'altro canto, bisogna anche imparare a essere felici di ciò che si ha: accettazione è pure questo. Che non significa impedirsi di ottenere di più, ma accogliere serenamente anche l'idea di non poterlo avere. È come nello sport: tra le possibilità di una partita ci sono la vittoria, la sconfitta o il pareggio. Si gioca fino all'ultimo secondo, fino al fischio dell'arbitro, ma qualora si perda bisogna accettarlo. Ci sono dei limiti di cui occorre rendersi conto.

Lo so, qui viene il difficile: siamo troppo avidi di successo e spesso facciamo sogni non adeguati alle nostre possibilità. Vedo un'immensa categoria umana di arrabbiati, che si nascondono dietro l'alibi dell'incomprensione, della sfortuna.

Anche a me sarebbe piaciuto essere LeBron James, un grande giocatore di basket di colore, ma sono nato bianco e basso. Ha senso tormentarmi per questo? Purtroppo, viviamo in una cultura che ci illude che tutto sia possibile: il mercato ci vende questa idea.

A ciò va poi aggiunta l'arroganza dell'essere umano. La nostra sempre presente spocchia, questa presunta superiorità rispetto agli altri animali, ci porta a sentirci feriti nell'orgoglio, perché ci pensiamo sempre migliori di quello che poi effettivamente siamo.

È ovviamente capitato anche a me di aver peccato d'orgoglio, però col passare degli anni mi sono reso conto che questa sensazione è solo uno zaino pesante che mi sono messo sul groppone, a fronte di un desiderio di autostima. Accade che ci si racconti quello che si vorrebbe essere e, quando ciò viene meno per le circostanze della vita, si soffre per la rinuncia. Se si uscisse dall'ambito ristretto dell'orgoglio ferito, ci si renderebbe facilmente conto che buona parte delle situazioni che tanto ci opprimono sono insignificanti. Non dovremmo dar loro retta. Meglio prendere tutto con leggerezza e una risata, invece che soffocarsi nella fatica di affrontarle e superarle.

C'è anche il rimedio omeopatico dell'immaginazione: pensare, cioè, a come sarebbe potuto essere in altre circostanze. Ancora oggi, a 58 anni, certe volte me ne sto sdraiato sul divano a immaginarmi di sbarcare in una terra sconosciuta, in mezzo a pericoli e meraviglie. È una fantasia che mi godo, pur sapendo che non si può avverare. Ma non vivo incazzato per questo!

Sì, lo so. Qualcuno potrebbe dire: «Parli bene tu. Ti sei realizzato, hai avuto fortuna. Facile accettare la condizione in cui vivi». Lo capisco. Ma, al di là delle possibilità materiali di ciascuno, quello che suggerisco è predisporsi mentalmente alla leggerezza e all'accettazione. Noto persone che stanno benissimo, anche meglio di come stia io, insoddisfatte di ciò che hanno e che sono. Pretendono sempre di più e sono preda di continue ansie.

Anch'io ho avuto momenti difficili, nel lavoro. La mia carriera non è stata sempre ricca e fortunata; soprattutto agli inizi, le cose non andavano bene, economicamente parlando. Ho anche pensato di abbandonare tutto, qualche volta. Però cercavo sempre di concentrarmi sul bicchiere mezzo pieno, su quanto avevo, fregandomene di quello a cui non ero arrivato. Mezzo pieno, mezzo vuoto. Mi hanno cresciuto con l'idea che sarebbe bastato il bicchiere: in fondo si poteva sempre incontrare qualcuno che lo riempisse. Insomma, ho cercato di difendere la mia posizione e pian piano gli ingranaggi si sono sbloccati e hanno ricominciato a girare per il verso giusto. Questo credo sia accaduto perché ho affrontato il lavoro non con la rabbia di pretenderlo ma con la volontà, di cui parlavo ad Adele, di dare il meglio di me stesso per riuscire a mantenerlo.

Non sono uno che "molla", di solito. Quando ho cominciato con la tv, l'ho fatto perché mi forniva il denaro per comprarmi la macchina e ho realizzato il sogno di qualche viaggio. Se fosse finita lì, avrei continuato l'università senza preoccuparmi troppo di ciò che avevo perso. In seguito, anche quando mi hanno detto che non era il caso di proseguire, non mi sono mai fatto prendere dal panico, mi sono rimboccato le maniche e, fortunatamente, le cose hanno finito col convergere a mio favore.

In ogni caso, il "dramma" non fa per me. Per carattere, sono più risolutivo, e la passività con cui ci si atteggia a vittima non mi si attaglia per niente. Se una cosa non mi riesce, prendo atto di un nuovo limite da aggiungere a quelli che già ho; vorrà dire che mi muoverò in un'altra direzione, ma con la leggerezza che mi permette di conservare la lucidità necessaria a individuare la soluzione più proficua da perseguire, con energia.

Oggi, a quasi 60 anni, ho imparato a lasciare che le cose accadano e me le godo più che posso; se non si verificano, non importa. Me ne sono successe già talmente tante che, in fondo, la mia dose l'ho avuta e posso esser contento così.

Bisogna imparare ad accettare, senza drammi, che la vita non è fatta «della stessa sostanza dei sogni», quindi l'unica via per sopravvivere alla quotidianità è non opporsi a essa, ma imparare a vedere il suo bello e abbandonare le ansie che ci costringono a terra.

Farsi leggeri significa sollevarsi e volare, anche solo col battito d'ali di una farfalla.

La felicità è uno stato mentale

28 agosto 2015

«*La vita è uno stato mentale*» *è la frase che più mi ha commosso al cinema, alla fine del film* Oltre il giardino, *perché è quello che i miei genitori mi hanno sempre insegnato: vuoi essere felice? Puoi esserlo. Non è ciò che hai, ma ciò a cui dai importanza che ti fa stare bene o male, che ti fa essere felice o infelice.*

Una delle strade migliori che ti possono portare verso la felicità è l'accettazione: accettare ciò che si è e ciò che si ha. Non impedendosi di ottenere di più, per carità, ma accettando serenamente anche di non poterlo ottenere. Pure l'insuccesso fa parte della vita!

Ci sono anche cose che sono superiori alle nostre possibilità.

Ci sono limiti di cui dobbiamo prendere atto.

Il problema è che oggi siamo troppo "arrapati" di successo e diventiamo stalker di noi stessi. Ci perseguitiamo.
Molte persone sono arrabbiate con la vita perché viviamo una cultura che ci illude che tutto sia possibile.
È il mercato che ti vende questa idea.

Le variabili che possono suscitare un momento di euforia sono talmente tante che determinare cosa ti rende felice è molto difficile. Io ho avuto, nella vita, quattro o cinque momenti di grande felicità. Figli di niente. Ho sentito dentro di me crescere un senso di benessere e di gioia assoluta. Una volta addirittura in una circostanza improbabile, mentre percorrevo una delle autostrade più pallose del mondo, la A1: è stato un flash! All'improvviso mi sono quasi accorto di cosa fosse composta la felicità, ho afferrato una specie di elemento chimico che l'aveva generata, mi è sembrato di riconoscerlo.

Forse è stato il rendermi conto che ciò che avevo fatto, e che avrei fatto ancora, era una fortuna. Chissà.

In un libretto di Kurt Vonnegut, dove sono raccolti alcuni discorsi che lui aveva tenuto tra il 1978 e il 2004 a dei laureandi, fra le tante cose che diceva ce n'è stata una che poi è diventata il titolo del libro: *Quando siete felici, fateci caso*. Mi ha colpito molto, perché è profondamente vero: la felicità non è una cosa normale da rintracciare nell'esistenza. È qualcosa che accade e, quando accade, la devi notare. Anzitutto perché cominci a fare patrimonio di una sensazione che non è necessario o obbligatorio che tu provi; ma, soprattutto, perché devi mostrare un atteggiamento che ti permetta di riconoscerla.

È come quando possediamo delle cose: non dobbiamo dare per scontato che le abbiamo, perché non sta scritto da nessuna parte che ci spettino di diritto.

Viviamo in una cultura completamente diversa da quella della generazione precedente. Allora c'erano poche cose a disposizione ed era anche difficile procurarsele – parlo di un sentimento, di un compagno di vita, di oggetti, della possibilità di conoscere – e, quando riuscivi a ottenerle, significavano tutto: erano il tuo tesoretto.

Oggi, nell'illusione che tutto sia possibile, c'è una malinconia costante perché la nostra attenzione si focalizza verso ciò che non abbiamo e consideriamo queste mancanze come le conseguenze di un furto che ci è stato fatto dal destino o da persone malvagie, o da una società infingarda. Veniamo bombardati da costanti messaggi di "nuove" necessità e dall'illusione che si possa avere tutto.

Be', vi svelo un segreto: non si può avere tutto. Le saccocce che abbiamo a disposizione permettono a tante cose di entrare, ma precludono l'accesso anche a centinaia di migliaia di altre. Continuare a desiderare le cose che ti mancano invece di goderti quelle che hai è esistenzialmente uno strazio, una fatica, un'insoddisfazione terribile che non verrà mai colmata.

Questo vale anche per le sensazioni e non solo per gli oggetti.

Bisogna accorgersi dei i momenti di felicità e gustarseli, quando si riescono a rintracciarli! Non si verificano solo perché sei stato fortunato, o perché ti sono capitati. Ti sono successi anche perché ti sei messo nella disposizione d'animo di renderti conto che si può essere felici, nella misura in cui un uomo è in grado di ottenere delle cose dal destino attraverso la propria operosità, o quello che sia.

Io cerco costantemente di essere contento di ciò che ho. È troppo? È poco? In base a quale parametro? In base al mio desiderio. E, il mio desiderio, lo guido io.

Credo anche si debba vivere a una velocità ridotta. Altrimenti, la vita ti sembra di averla vissuta, ma è solo passato il tempo e neanche te ne sei accorto. Siamo sempre proiettati sul dopo e sull'altrove invece che sul qui e ora. *Hic et nunc* è diventato zero: è sempre altrove, è sempre dopo.

Mi viene in mente la barzelletta dell'orgia: corpi che si attorcigliano fra loro, gemiti di piacere, tutti con e contro tutti. All'improvviso da questi corpi esce uno preoccupato che urla: «Mario! Mario!». Niente, nessuno risponde. Allora si ributta dentro. Dopo cinque minuti esce di nuovo e urla: «Mario! Mario!». Niente. Di nuovo nell'orgia, corpi che si incastrano, tutti scatenati e un'altra volta: «Mario! Mario!». Allora da un angolo del groviglio umano, finalmente esce uno che risponde: «Che vòi?». E l'altro: «Dopo, che famo?».

Ecco, il segreto della felicità sta nell'essere contento di ciò che hai, in quel momento. Certo, le cose mutano e noi stessi mutiamo. Questo fluttuare tra il benessere e il malessere porta anche all'osservazione della realtà in maniera diversa. Per questo la felicità è una cosa difficilissima da definire.

Cos'è che ti rende felice in quel momento? Sei felice di quello che stai vivendo? Sei felice perché le persone accanto a te sono adatte a quello che stai vivendo? Sono solo le persone o solo quello che stai vivendo? O è la complessità di quello che stai facendo, la somma delle due cose? O è il pensiero di quello che farai successivamente che rende più bello quello che stai guardando? Insomma, qual è l'ingrediente della felicità?

Quand'ero bambino, i miei genitori mi hanno insegnato a essere contento di quello che c'era. Mio padre mi diceva sempre: «Non è obbligatorio che tu abbia la salute, che tu abbia una casa, che tu possa mangiare, che i tuoi genitori siano vivi... Ce l'hai. Ringrazia che ce l'hai. Sii contento. Dove ti metti ti metti, sempre in mezzo alla fila stai. C'è chi ha di più, c'è chi ha di meno. Se quello che hai, per te, è più che sufficiente, tu stai in testa alla fila. E ricordati che c'è una fila oggettiva e una soggettiva: nella fila soggettiva puoi stare in testa;

nella fila oggettiva starai sempre in mezzo, sempre, non se ne esce!».

Ecco, la mia famiglia è stata meravigliosa nel trasmettermi certe consapevolezze. Mio padre scaricava il burro ai mercati generali; mamma ha trovato lavoro, un bel po' di tempo dopo, come segretaria in un'impresa di costruzioni. Per molto tempo abbiamo avuto pochissime cose, che però erano tutto per me. Quando hai la sensazione di avere tutto, sei felice, non ti manca niente! Oggi basta che ti guardi attorno e ti rendi conto che ciò che hai è niente rispetto a tutto quello che ti viene offerto. Ciò che abbiamo ci fa apparire miserabili a noi stessi e ci fa andare nella direzione opposta a quella della felicità.

Certo, si può andare incontro alla felicità! Intanto, per mia natura, sono felice quando vedo felici gli altri. Due ragazzi che si baciano, il sorriso che una cassiera ti restituisce quando vai a fare la spesa, dei bambini che giocano tra loro... Non per niente, nel mio lavoro cerco di far felice la gente, quindi quando le persone non solo sono felici, ma colgo che sono felici a causa mia, questa sensazione di appagamento diventa ancora più piacevole.

Come si fa a rendere felice chi ti sta accanto? Di sicuro non chiedendo, ma fiutando cosa a questa persona potrebbe far piacere. Cercando di intuire, di capire, e realizzando i suoi desideri quotidianamente. L'importante è che l'attività che dovrebbe portare alla sua felicità non causi la tua, di infelicità. Ci vuole un rimbalzo di reciprocità. Pensate, riesco a essere felice anche delle vittorie di squadre diverse dalla mia, quando vedo i tifosi che festeggiano! Quasi tutte...

Io, un inconsapevole? Perché? Saper riconoscere e apprezzare la felicità non mi ha reso certo uno che vive in un mondo irreale, anzi. È proprio perché sono molto cosciente di quanto la vita sia difficile che riesco ad apprezzare i momenti di serenità. Cinico? Dipende. È un buon cinismo sicuramente innato, e in parte mutuato dal contesto sociale e familiare in cui sono cresciuto. Mio padre era cinico. Roma è una città cinica.

A questo proposito, c'è un episodio riguardo alla mia città che mi è capitato di raccontare in una trasmissione di Maurizio Costanzo, e penso proprio che renda l'idea. Era il periodo in cui mio padre non stava bene e io andavo a comprare dei giornali per lui; per arrivare all'edicola, dovevo attraversare la strada. Un giorno, con i miei acquisti sotto al braccio, stavo per attraversare e davanti a me c'era un signore, abbastanza grosso, con un bambino di 2 anni per mano. Al verde, partono prima loro e una macchina inchioda a pochi centimetri dal piccolo. Io mi sono spaventato a morte, mentre osservavo questo tizio che non ha fatto una piega. Si è limitato a sollevare il bambino con quella sola mano e, mentre quella creatura restava penzolante a mezz'aria, ha urlato al guidatore: «Ahòòò, si n'era er mio te lo tiravo!». Ecco. Roma.

Mio padre non era da meno. Benché meneghino di nascita, era ormai diventato romano d'adozione. Profondamente capitolino, nel midollo. Ricordo che, quando avevo 5 anni, lo accompagnavo mentre col suo camioncino andava a scaricare il burro Gallone nei negozi di alimentari, nelle latterie. Un giorno eravamo fermi all'altezza di viale Libia, e sentiamo una botta dietro: ci avevano tamponato. Papà, arrabbiatissimo, scende. Dietro di noi c'era una macchina del servizio diplomatico, dalla quale è sceso questo autista, un uomo di colore, enorme, che ha cominciato: «Eh, però, lei ha frenato... lei non doveva...». E papà: «Guarda che me sei venuto addosso te, io stavo fermo, per cui me devi dà er numero de targa!». «No, perché qui lei ha fatto...». «Ma che stai a di'? Io nun me so' mosso.» Insomma, hanno continuato l'alterco per un po', finché mio padre non ha perso la pazienza ed è sbottato: «Ahò, hai rotto er cazzo, a 'ncatramato!». No, dico, gli ha detto «incatramato»! Allora, a 5 anni, non capii bene il senso della frase. Ma oggi, ripensandoci, la trovo comicamente cinica e geniale. Inequivocabilmente romana.

Il riferimento più alto e più puro di questa impudenza beffarda, quello che ha saputo fotografare, pennellare le nostre storture con una perizia, un'abilità e una sottigliezza inimitabili, che pure tanto hanno influenzato il mio modo di pensare e vedere le cose, è stato sicuramente Alberto Sordi.

Ho avuto la possibilità di incontrarlo ed è stato una fonte di emozione e felicità incredibile, per me. Ero a Cinecittà e arrivò una persona che mi disse che, negli studi accanto, c'era proprio l'Albertone nazionale e stava lavorando in un film con Valeria Marini (si trattava di *Incontri proibiti*). Ne approfittai: nello studio c'era una finta carrozza del treno, lui era seduto e una sarta gli stava facendo una riparazione ai pantaloni. Mi sono avvicinato, un po' timidamente, mi sono messo seduto e gli ho stretto la mano. In quel periodo facevo «Tira & Molla» e lui mi fece una sola domanda: «Ma che davero je date tutti, quei cazzo de premi?». «Maestro sì, ma è un gioco.» Poi parlammo per due minuti, molto rapidamente, ma ci trovammo abbastanza bene, tanto che quando poi lo invitai a «Chi ha incastrato Peter Pan?»[*] venne subito. Che persona!

Alla sua morte piansi. Ricordo tutta quella folla che c'era ai funerali… Roma piangeva la sua voce, la sua anima più profonda. C'era uno striscione, bellissimo: «Ariàrzate, Marche', basta co' 'sti scherzi»… Ancora oggi, ogni volta che guardo un suo film, esclamo: «Ma quanto è bravo questo!». Il suo cinismo è quello che piace a me, quello che cerca di dirti che in fondo potremmo fare a meno della spocchia. Siamo così piccoli, così insignificanti rispetto a questo grande pensiero che ci illude di essere dominatori della comprensione dell'universo…

---

[*] Varietà per bambini andato in onda su Canale 5 in cinque edizioni: 1999-2000, 2009-2010, 2017. Protagonisti del programma erano bambini dal 4 ai 9 anni, a cui si rivolgevano domande sul mondo degli adulti, si presentavano categorie di persone come poliziotti o pompieri, si facevano innocui scherzi con una candid camera o si chiedeva di intervistare dei vip ospiti in trasmissione.

Siamo estremamente presuntuosi e tremendamente indulgenti con noi stessi ma severissimi con gli altri. Ci perdoniamo tutto dandoci spiegazioni e scuse, mentre degli altri non ci premuriamo di capire alcuna motivazione. Più facile e più sbrigativo. Viviamo a una velocità tale, anche di pensiero, per cui non c'è tempo per comprendere l'altro. Siamo i più grandi fabbricanti di alibi del pianeta. Quello che non riusciamo a fare deve essere stato per forza colpa di qualcun altro. Comodo, no?

A me non pesa prendermi le responsabilità. Anzi. Così come mi piace rendere felice qualcuno, se posso evito di rendere infelici le persone. Magari sarà anche successo, avrò ferito qualcuno nella mia vita, ma non è stato certamente un atto volontario, semplicemente non me ne sono accorto.

Una volta feci una trasmissione che andò malissimo e che, per scaramanzia, non nomino, sai com'è. La rete concorrente sfoggiava un bellissimo spettacolo di Giorgio Panariello che, in termini di ascolti, ci asfaltò. Dopo due puntate, i vertici mi convocarono dicendo: «Lasciamo perdere, chiudiamo qua. Tempo una settimana, questo flop lo avranno dimenticato tutti». Ci ho riflettuto, sono stato tentato. Però, ho anche pensato a quanta gente sarebbe andata a spasso se mi fossi fermato io.

È finita che le puntate me le sono fatte tutte. Mi sono preso una cofanata di critiche, ma in compenso un mare di persone ha continuato a lavorare, a prendere uno stipendio, a mangiare, a mantenere la propria famiglia e tutto il resto.

Pazienza Paolo, mi sono detto. Non succede niente.

Lo dico sempre ai concorrenti dietro le quinte, quando stiamo per cominciare «Ciao Darwin»: «Vi potreste trovare in difficoltà. Non preoccupatevi, buttate tutto sulle mie spalle, ci penso io. Voi vi dovete solo divertire e godere questa esperienza».

Cerco di farli sentire protetti, perché sono loro che si trovano in un territorio sconosciuto. Io sono il proprietario del parco giochi ed è giusto che la responsabilità della giostra sia interamente mia.

Una volta in cui sono stato felice e spensierato io? Mi viene in mente un match di calcio tra personaggi della televisione italiana e personaggi della televisione inglese. Era stato organizzato in Inghilterra, a Londra. Io ero giovane, facevo «Bim Bum Bam» e, nonostante la gamba ormai sfondata, giocavo e correvo. Ricordo che in questa partita c'era anche Rod Stewart. Alla sera siamo stati invitati, come si fa generalmente dopo queste partite di beneficenza, a mangiare tutti insieme in un ristorante.

Arrivò anche Freddie Mercury. Ora: a quel tempo io ascoltavo in continuazione la musica dei Queen, per me 'sto Freddie Mercury era un grande! Avrò avuto 25-26 anni, un grande entusiasmo e un'ottima conoscenza dell'inglese. Mr Freddie era seduto a un altro tavolo, però a un certo punto si alzò, venne a sedersi accanto a me e cominciammo a chiacchierare.

Diciamo che dopo un po' capii che avrebbe voluto che andassimo da qualche altra parte... io misi subito le cose in chiaro: «Freddie... Adoro la sua musica, la trovo fantastico... ma davvero: non è robba pe' me». Lui si fece una risata, mi diede una pacca sulla spalla e mi disse: «Ma tu mi lasceresti un indirizzo dove posso mandarti qualche cosa?». Ovviamente risposi di sì. Tornato in Italia, continuai la mia vita e pensai che quell'incontro fosse destinato a restare uno splendido ricordo e basta, che fosse finito tutto lì. Quasi otto mesi dopo mi arrivarono i biglietti per il concerto dei Queen a Wembley. Ovviamente ci andai e fu davvero emozionante. Poi lui si ammalò gravemente e morì. Come mi accadde per Sordi, piansi.

Ovviamente, gli imprevisti piacevoli della vita sono fatti per regalarci momenti inaspettati di felicità, di contentezza; ma quello che ho voluto dire fin qui è esattamente il contrario. Ovvero che la felicità si deve riconoscere nelle cose di ogni giorno. Perché, come diceva Baudelaire, «Non bisogna uccidere attimi di felicità».

Post scriptum et post dictum

30 giugno 2019

Ancora oggi, dopo diversi anni, molti mi chiedono di riprendere una trasmissione che s'intitola «Il senso della vita».

Vorrei. Quanto lo vorrei! Ma l'attuale situazione televisiva e le sue ragioni commerciali mi hanno fatto capire molte volte e ormai accettare che il desiderio resterà tale e infranto.

Volevano addirittura che dessi a questo libro quel titolo. Non l'ho fatto perché, vivendo, ho capito che, se anche mai l'avessimo chiaro e di fronte, questo benedetto senso della vita, non saremmo in grado di riconoscerlo né tanto meno di capirlo.

Perché? Be', vedete, come ho già detto nelle pagine precedenti, in natura ci sono forme animali diverse: alcune con le branchie, altre con le zampe o con le ali, molte con le mammelle e via dicendo… l'uomo è l'animale con la spocchia, una sorta di escrescenza interiore sviluppatasi in millenni di presunzione.

Ultimamente sto provando a vivere essendomela strappata di dosso. All'inizio vi devo dire che ci si sente un po' confusi e smarriti. Sembra quasi di tradire qualcosa di più grande di noi. È una sensazione ingannevole, però. Perché, se ve la strapperete, vedrete che dopo è bellissimo.

Quindi sarebbe questo il senso della vita? Scusate l'acrobazia, ma credo proprio che il suo senso stia nell'accettarne il suo non-senso. Sì, è vero che ci sono dei sensi parziali che mutano con l'età e con le nostre scelte. Insomma, come recitava lo slogan di quella trasmissione: «Ci sono tanti sensi della vita quanti sono gli attori di questa esistenza». Ma uno concreto che valga per tutti…

Troppe parole, però. C'è chi si è spiegato molto meglio di me e, quando l'ho incrociato, leggendo il suo libro avrei voluto abbracciarlo per dirgli grazie. Si chiama Marco Lodoli e una citazione dal suo libro è riportata, insieme a quelle di Gabriel García Márquez e di Stephen King sulle pareti del mio studio: «La vita non è un posto adatto agli esseri umani. Viviamo sognando altro e altro non c'è. E allora facciamo il nostro spettacolino, poi un inchino, e ciao».

Non vi sembra un'idea eccellente per snellire le nostre preoccupazioni e cominciare a sorridere e, soprattutto, a riderne?

Ringraziamenti

A tutti voi, ma tanto ci salutiamo tutte le sere: papà, nonno Carlo, nonna Lina, nonno Pasquale, nonna Brigida, zio Gino, zio Sergio, zia Espedita, zia Giovanna, zia Adele, zio Bruno, Robertone, zio Paolo, Franco, zio Salvatore, il papà di Franco, la mamma e il papà di Sandro, zio Guido, Cecco Gallinari, Paolo Valenti, zia Giuseppina, Tito Presciutti, Illy Reale, Sergio Guidi, Mia Martini, zia Antonietta, Arnaldo Santoro, Enzo Lambiase, Roberto Ferrante, Maurizio Guidi, Gino Bramieri, Walter Chiari, il papà di Massimo Beltramo, Giancarlo Muratori, Vincenzo Ratti, Corrado, Lello Magrelli, Renato D'Archino, De Simone, il figlio mio e di Sonia, il figlio di Mariapia e Lorenzo, Patrizio Lupi, Peppino Prisco, Lello Bersani, Valerio Peretti, Alberto Sordi, Fiorenzo Fiorentini, Sandro Ciotti, Enrico Ameri, Nando Martellini, Nino Manfredi, Enzo Passi, Mario Brugola, Oreste Lionello, Mino Reitano, Alberto Castagna, Paolo Rosi, Ambrogio

Fogar, Sergio Endrigo, Giorgio Tosatti, Beppe Recchia, Sister, Gianfranco Funari, Leone Mancini, zia Patrizia, la nonna di Sonia, Mike Bongiorno, Sandra e Raimondo Vianello, Gianni Elsner, Alda Merini, la mamma di Luca, il papà di Roberto, Enzo Passi, Walter Bonatti, il papà di Lucio, Lucio Dalla, zio Tonino, Pino De Simone, il papà di Andrea, Saverio Franciosi, Massimo Dorati, il figlio di Giorgio Guidi, Maria, Pietro Mennea, Enzo Jannacci, Franco Califano, Giancarlo Nicotra, Gianni Danieli, Ercole, Giorgio Faletti, Pino Daniele, Walter, la nonna di Pallotta, Moira Orfei, Nando Gazzolo, Giulio Pallotta, Riccardo Garrone, Muhammad Ali, Carlo Pedersoli, Anna Marchesini, Dario Fo, Enzo Maiorca, Little Tony, Gianni Boncompagni, Oliviero Beha, Paolo Limiti, Paolo Villaggio, Sebastiano Romeo, il papà di Claudia, Dina, Fabrizio Frizzi, Bibi Ballandi, Marco Garofalo, Mafalda, zia Lina, il papà di Tiziana, Massimo Bruganelli, Valeria Valeri.

Appendice

Come è cominciato tutto

di Nicola Brunialti, Manuela D'Angelo e Tiziana Orsini

Era un pomeriggio del giugno 2014, nello studio di Paolo a Roma. Davanti a lui, sul grande tavolo da riunioni, c'erano alcuni fogli, lasciati uno sull'altro, in modo un po' confuso.

«Cosa scrivi?» gli chiedemmo.

«Niente di che, pensieri sparsi, cose che non vorrei dimenticare.»

«Possiamo dargli un'occhiata?»

«Se non avete altro da fare...»

Fu quel giorno che scoprimmo che tutto quello di cui spesso l'avevamo sentito parlare nei backstage, nel suo camerino o durante una cena, era tutto là. Leggere quelle pagine e pensare di farne un libro fu un tutt'uno. C'era solo un problema: riuscire a convincere lui.

«Che gliene importa alla gente di quello che penso io?»

«Ma scusa, allora perché ti sei messo a scrivere?»

«Perché sennò parlavo da solo... ho mascherato la patologia.»

«E per chi hai scritto?»
Esitò. «Per i miei figli.»
«Non vuoi farne un libro per loro?»
«Vabbe'. Mi avete fregato.»
«Da dove vuoi iniziare?»
«Fate voi.»
Già, noi. Chi siamo?

Mi chiamo Tiziana Orsini, nel lontano 1997 ha inizio il mio rapporto professionale con Paolo: un lungo percorso di autrice in alcuni dei suoi storici programmi. Oggi, una nuova esperienza mi vede coinvolta nell'avventura di questo libro, preziosa occasione di confronto e riflessione, ambedue tratteggiati dall'empatica ironia e dall'attenta sensibilità di Paolo.

Mi chiamo Nicola Brunialti e ho conosciuto Paolo nel 2001, quando ho cominciato a scrivere gli spot del Paradiso, quelli del caffè. E ho continuato a frequentarlo, lavorando come autore per suoi programmi. Quello che mi piace di Paolo è che saluta tutti con «Amico mio!». Ma non come una mera consuetudine: la sua è un'attitudine alla vita. Una predisposizione "familiare" agli altri.

Nel febbraio 2019 sono arrivata anch'io: mi chiamo Manuela D'Angelo e da decenni lavoro nel settore dell'intrattenimento. Su suggerimento della casa editrice, con cui avevo già collaborato in passato, ho messo la mia penna a disposizione di questo progetto, organizzando quanto già raccolto da

Nicola e Tiziana e facendo tesoro del loro prezioso supporto durante i numerosi colloqui con Paolo e trasformando quelle chiacchierate in racconti che permettessero a tutti di entrare nel suo mondo.

Inutile dire che è impossibile, alla fine di tutti questi mesi di lavoro fianco a fianco, non voler bene a Paolo Bonolis. Anche se so già che lui a questo punto mi redarguirebbe: «A Manue', falla corta».

E se non fosse tutto qui?
Un'intervista di Nicola Brunialti e Tiziana Orsini
a Mauro Mastrodonato

Al termine di questo libro abbiamo deciso di interpellare una persona speciale, molto vicina a Paolo. Si tratta di Mauro Mastrodonato, il suo autista. E lui, con il suo fare schietto, alla mano, un po' come Ricciotto, il fedele scudiero del Marchese del Grillo, ci ha dedicato un pomeriggio per una lunga chiacchierata confidenziale.

«Io e Paolo ci siamo conosciuti nel settembre 2003 per "Domenica In" e la prima impressione fu quella di un ragazzo, "uno di noi", con un look molto personale, diciamo un casual "tutto suo". Dopo delle presentazioni un po' formali, mi confermò che saremmo dovuti stare insieme, nel senso lavorativo ovviamente, ben nove mesi. Io, per sdrammatizzare un po', gli risposi: "Non ce l'ha mica ordinato il dottore: se va bene, bene. Se no pazienza, amici più di prima!". Così partimmo diretti agli studi televisivi Dear, io al volante e lui seduto accanto a me, proprio come fanno tutti i grandi.

Ma Paolo si sentì subito quasi in dovere di giustificarsi. Mi disse che, come gli aveva insegnato suo padre, riconosceva come privilegio l'attenzione che gli dedicava la Rai, cosa alla quale non era molto abituato. Fino allora per lavoro si era sempre mosso in piena autonomia. Mi ricordo che, per toglierlo dall'imbarazzo, gli dissi: "Non te preoccupa', te ce abitui". Da allora sono trascorsi sedici anni di scarrozzate! Con Paolo, a differenza che con tante altre persone, è scattata subito una specie di "complicità rispettosa".»

Mentre ascoltiamo Mauro, percepiamo dalle sue parole e dai suoi occhi l'affetto nei confronti di Paolo.

«Il nostro sodalizio di fiducia nello scambio di idee e consigli lavorativi nacque quando lo accompagnai alla puntata zero di "Affari tuoi". Un colpo di sguardi tra una pausa e l'altra, per far confermare al volo il "Se po fa'". La nostra giornata tipo?»

A noi viene da sorridere, sembra che parli di loro come fossero una coppia di fidanzati.

«Al mattino "caffettino" al nostro bar preferito a Ponte Milvio. Là Paolo è di casa, scambia sempre due chiacchiere con la gente del quartiere, con un po' di sfottò romanesco tira sempre su il morale a tutti. È per tutti Paolo e non il personaggio Bonolis. Certo, c'è anche la giornata "no" e io sono il primo ad accorgermene. Ma il suo bello è che gli dura un quarto d'ora, anche perché io rompo il silenzio. E non solo... In tutti questi anni non c'è mai stato uno screzio, il mio rapporto con lui è sincero, familiare, di fiducia reciproca. Così tanta fiducia che ho la responsabilità di seguire anche tutti i suoi cari. Mi chiedete perché gira la nomea che Paolo sia tirchio? Noi che lo conosciamo sappiamo che è una frottola senza senso. E bisogna dirla, 'sta cosa: Paolo è un grande, un generoso, uno sempre disponibile ad aiutare gli altri.

«Conosco famiglie indigenti che hanno ricevuto una mano da lui, per non parlare del suo contributo alla Onlus del dottor Berardinelli. Mi sorprende ancora la sua sensibilità. L'ho visto commuoversi più di una volta per un sorriso, per un bambino. Gli piace il rapporto umano, lo scambio con l'altro: non c'è età o ceto sociale che faccia la differenza. Vedo come la gente gli dimostri rispetto, per esempio, anche quando entriamo in un autogrill, non viene accerchiato dalla ressa ma le persone si rivolgono a lui con cortesia per un selfie o un autografo. Anzi, a dirla tutta, capita alle volte che sia Paolo a incoraggiare loro. Insieme abbiamo condiviso tantissimi momenti, alcuni esilaranti. Un po' di anni fa, sul set di uno degli spot del Paradiso della Lavazza, stavamo per provocare un incidente diplomatico Italia-America! Era prevista la partecipazione della mitica Julia Roberts. Il giorno delle riprese, mentre accompagnavo Paolo, gli dissi che mi ero munito di macchina fotografica per immortalarmi con la star americana. Ovviamente lui avrebbe dovuto aiutarmi. Appena arrivati a Cinecittà, ci accorgemmo subito che c'era qualcosa di strano: l'aria che tirava, anche nel "dietro le quinte" del Teatro Cinque, ci sembrò diversa. Eravamo gli unici a non sapere, non avendo ricevuto nessuna mail dalla produzione americana, che erano state inviate delle direttive comportamentali per tutto lo staff relativamente a Julia Roberts. Sembrava di essere in un collegio svizzero: chi si trovava in corridoio, al suo passaggio, doveva rientrare negli uffici. Al suo ingresso in teatro le attività dovevano essere sospese. Nulla doveva intralciare la sua presenza. Ma soprattutto una cosa era vietata: per nessun motivo le si poteva chiedere una foto... Così, mentre me ne stavo in disparte, attendendo il momento più opportuno e discreto per avvicinarmi a lei, all'improvviso, dal fondo del set mi sono sentito chiamare: "Mauro! Mauro! Vie' su!" Era Paolo che, come promesso, mi chiedeva di raggiungerlo in Paradiso per scattare finalmente la foto, approfittando della disponibilità concessa dalla Roberts durante una pausa dalle riprese. E qui il surrealissimo siparietto comico! Non feci in tempo a salire il primo gradino della scala che un gigantesco body-guard mi bloccò con una faccia terribilmente minacciosa. Panico in teatro! Paolo intervenne subito. E, dall'alto, parlando un po' in inglese e un po' in italiano con il simpatico energumeno, tentò di convincerlo a lasciarmi salire. Niente da fare! Intanto, la produzione americana si era risentita, protestando che le loro regole erano state trasgredite e accusando di questo inconveniente la produzione italiana. Quando ogni speranza sembrava ormai svanita, la signora Roberts mi mandò a chiamare. E oggi ho con me la foto del sorriso più bello di Hollywood.

«Di ricordi ne ho tanti... una mattina, avendo Paolo un'oretta di "buco" tra lavoro, figli, scuole, gli proposi una pausa caffè alla terrazza dello Zodiaco. Ci ritrovammo a contemplare il panorama di Roma in una bella giornata d'inverno proprio come due fidanzatini lungo il viale degli innamorati! Che bei momenti! Ancora mi commuovo al pensiero.

«Tra me e lui c'è un'intesa su tante cose, tranne che sulla fede calcistica: io sono laziale doc, lui interista. Entrambi, però, siamo innamorati di Roma, ogni scorcio de 'sta città è un'emozione. Quanto ci piace il tragitto per arrivare alla sede del tg di Mediaset al Palatino! Spesso "allungo il brodo", passo sopra piazza di Spagna, Trinità dei Monti, il Pincio. E tutte le volte è uno spettacolo che ci sorprende. Quand'è possibile, rallentiamo, per ammirare la bellezza di un palazzo storico, i ponti, le chiese.

«Però, il momento che più mi è rimasto nel cuore è stato il suo primo Sanremo, una bellissima esperienza. Anche in quell'occasione ho avuto l'onore di essere con lui dietro la mitica scala del teatro Ariston. Pochi secondi prima della sigla dell'Eurovisione, mi ha fatto l'occhietto e al suo "Annamo va'" l'ho incoraggiato con un "Daje!". E da lì, poi, tutto il seguito. "Daje"!

«Insomma, di cose belle vissute con Paolo, ce ne sono tante tante... Ma non se po di' tutto!

«Il sogno mio è diventare "grande" insieme a lui, condividere ancora tanto altro o semplicemente farsi du' chiacchiere in serenità ai giardinetti.»

Indice

Prologo – Il canyon   7

Di padre in figlio   9
Il gatto Farinelli & Friends   29
Amore e sesso a Hanging Rock   49
«Zzzz... capacità di calcolo insufficiente»   65
Atletico Gibaud   81
Special Olympics e il loro sorriso   103
Il sottile fascino della decomposizione delle carni   115
Ti ricordi il ghiaccio, colonnello Buendía?   129
«Si impara più da mille chilometri
che da centomila pagine di libri»   147
La mia televisione   159
Ridere sul serio   183
Tutto è sensazionale   201
Ciao Fabrizio   213
L'ammorbidente per l'angoscia   227

'Sti cazzi	247
Siamo il Paese più bello del mondo	261
L'animale con la spocchia	275
Antibiotici per l'esistenza	291
La felicità è uno stato mentale	303
Post scriptum et post dictum	319
Ringraziamenti	321
Appendice – Come è cominciato tutto	323
E se non fosse tutto qui?	327

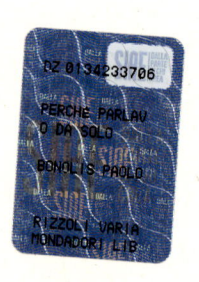

Finito di stampare nel mese di settembre 2019
presso Grafica Veneta, Trebaseleghe (Padova)
Printed in Italy